# ネガティブクリエイティブ

つまらない人間こそ
おもしろいを生みだせる

藤井亮

扶桑社

# ネガティブ・クリエイティブのすすめ

世の中にあふれる
おもしろコンテンツ…
おもしろいもの
作りたいけど…
自分はおもしろくない
人間だしなぁ…
わかります…
僕もそうです
誰!?
はじめまして
藤井亮といいます
ホンモノはこんなですが簡略化してます
この本を手にとって
くれたあなたは
そんなネガティブな
人なんだと
勝手に想像してます
僕はふだんから
でたらめなものをつくる
仕事をしています
主に映像で……
岡本太郎の作品を特撮にした
タローマン
石田三成
昭和のテイストを再現したCM…
古代ガチャ神殿…
全部が嘘の展覧会
大嘘博物館
佐久間P
アイドルのMVなのに
プロデューサーが踊るMV…

じゃああなたも
おもしろ人間
なのでは？
それが……
ぜんぜん
おもしろくない
人間なのです
なんだか
おもしろそうなものを
作っているので
テレビやラジオや
トークイベントに
呼ばれますが
あ……え～っと
まともに喋れずに
がっかりされ……
会社員時代、
プレゼンに行った時なんか
しどろもどろ
藤井が話すと、
企画の面白さが
8割減になるなぁ～
ガーン
やっぱり……
僕なんて
ホント
だめだめ
ウンコ人間
なんですよ…
ウンコかぶって
なに言ってるんだ…
それどころか…作ったものに自信がなくてオンエア時には冷や汗がとまらないし、電車の並び列で後ろから押されるのではと一番前に立てないし、過剰なかもしれな 運転で怖くて車の運転でき すぐに悲観的にな るし、急に人に会うとうまく声も出なくて変な声が出ちゃうし、褒められても裏があると思っちゃうし…
うわぁ
ネガティブ…
ブツブツ
そのとおり！
声小さいなぁ

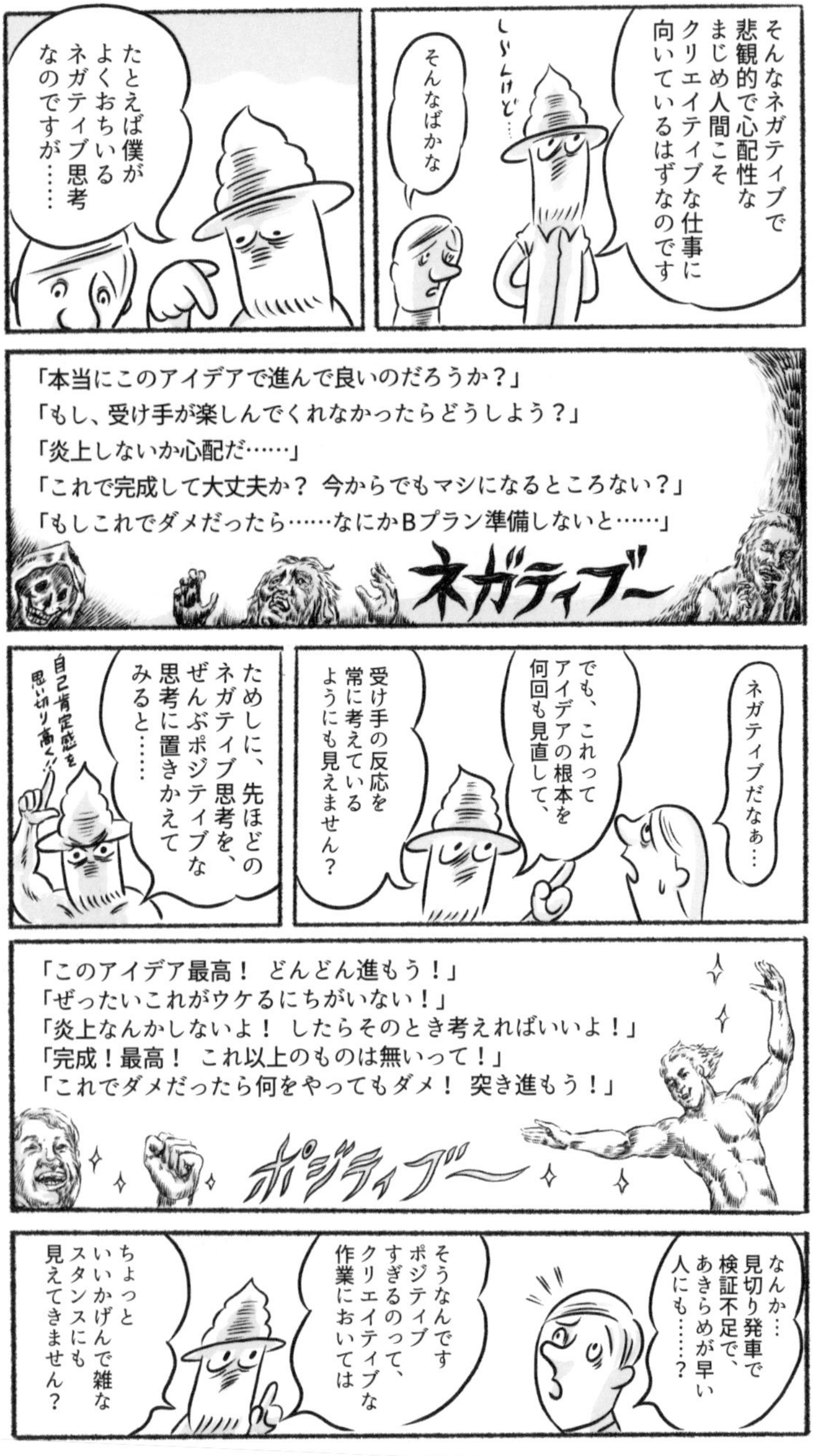

そんなネガティブで悲観的で心配性なまじめ人間こそクリエイティブな仕事に向いているはずなのです
しら〜んけど……

そんなばかな
たとえば僕がよくおちいるネガティブ思考なのですが……

「本当にこのアイデアで進んで良いのだろうか？」

「もし、受け手が楽しんでくれなかったらどうしよう？」

「炎上しないか心配だ……」

「これで完成して大丈夫か？ 今からでもマシになるところない？」

「もしこれでダメだったら……なにかBプラン準備しないと……」

ネガティブ〜

ネガティブだなぁ……

でも、これってアイデアの根本を何回も見直して、
受け手の反応を常に考えているようにも見えません？

ためしに、先ほどのネガティブ思考を、ぜんぶポジティブ思考に置きかえてみると……

自己肯定感を思い切り高く!!

「このアイデア最高！ どんどん進もう！」

「ぜったいこれがウケるにちがいない！」

「炎上なんかしないよ！ したらそのとき考えればいいよ！」

「完成！最高！ これ以上のものは無いって！」

「これでダメだったら何をやってもダメ！ 突き進もう！」

ポジティブ〜

なんか……見切り発車で検証不足で、あきらめが早い人にも……？

そうなんですポジティブすぎるのって、クリエイティブな作業においては
ちょっといいかげんで雑なスタンスにも見えてきません？

たしかにポジティブ思考は物事を力強くグイグイと前に運ぶ推進力があるので、大事なのですが……
みんなが思うほど、ネガティブな考えを持つことは悪くないような気がしています
そもそも日本人は、不安を抑制するための、セロトニンがもっとも不足しやすい人種であると言われています。
日本人はそもそも不安に、ネガティブになりやすいのです。
不安。。。
その要因は昔から地震などの自然災害が多かったからとかなんとか。
不安で心配性のひとこそ生き残れたのかもしれません。
日本人の遺伝子的にはポジティブ要素のある外向性性格遺伝子をもつ人は3割しかいないとか
門外漢なので詳しくはわかりませんが
ポジ
ネガ
勝手に入れるな
心配性なのが遺伝子のせいだったら仕方ないって気もしませんか？
堂々とネガティブを受け入れましょうよ！
怪しい勧誘みたいだな……
恐れ、慎重、不安とうまくつきあうことができるのがネガティブ人間の強さなのです
ネガティブ人間のあなたこそものづくりに向いているのです！（小声）
ビシッ
ああ、また僕なんかが偉そうなことを言ってしまった…
ネガティブだなぁ…

# はじめに

今、本屋をのぞけばビジネス書のコーナーには、「ポジティブのつくり方」やら「ポジティブな働き方」などなど、ありとあらゆるポジティブ推奨本がところ狭しと置かれています。さながらポジティブ思考の大安売りです。

しかし、僕が思うにネガティブな思考は、クリエイティブにおいては武器になります。ネガティブ思考を無理に捨てて、ポジティブ思考に切り替えるのではなく、その持ち前のネガティブといかに上手くつき合っていくかが僕は大事だと思います。

石橋を叩いて叩いて叩きまくって、正解を探り続けることはネガティブ人間にこそできるクリエイティブの追求です。ポジティブに安易な結論に飛びつくようなことができないからこその強さです。

いつも最悪のケースを考えてしまうネガティブ思考も、それを避けるためにはどうしたらいいかを考えるために備わった力だと考えたらどうでしょう。ポジティブ思考でいざ失敗したときにダメージを受けてしまうよりも、日々、最悪のケースを想定しておくネガティブ思考のほうが、多少の失敗に耐えられるのではないでしょうか。

ネガティブで戦う!!
※人にネガティブをぶつけてはいけません

そう、ネガティブ思考は人が生き残るために必要な能力なのです。

この本は、僕のようなネガティブ人間が、それなりにクリエイティブの世界で生きていけるようになるまでに身につけたやり方をまとめています。

自分のネガティブさが嫌だと思っているような人、おもしろいことが思いつかずに自信が持てない人、楽しくポジテイブなものづくりなんてぜんぜん向いてない……そういったネガティブ思考で悩んでいる人に、少しでも参考になってくれれば嬉しいです。

そんなあなたのネガティブ思考が武器になるように。

とはいえ、僕みたいな人間が、人様にあれこれ言うような本を出して良いのだろうか……というネガティブさも多分に抱えています。

今も、この本を書いているだけで「あいつ偉そうにあれこれ書きやがって」と思われるのでは……とネガティブの虫がわらわらと湧いてきています。

これは、「まだ自分は成長途中だ」という意識があるのも原因かと思いま

現役プレイヤー講師
刺激!!!
すぐに帰って編集しなきゃいけないんダヨ!!
レジェンドおじいちゃん教授
私の時代は文字の印刷は写植屋に…
興味深い話ではあるけれど…
もはや歴史の授業……

す。監督としても、企画者としても、なにも完成していない。そんな僕が人にものを教えるなんて……とずっと思っていました。

しかし、そもそもどこかで「はい、ここであなたは完成です！」となるようなことは、これから先もずっとないんじゃないかと気がつきました。

それにもし、「完成した！」と思うタイミングが、いつか、万が一きたとしても、それがあまりに先になりすぎると、若い人には世代的なギャップがありすぎて、もはやピンとこない話しかできないのではないか……とも。

大学生時代、おじいちゃん教授たちの話は、正直なところ、なにかもう違う時代の違う世界の話を聞いているようでしたが、たまにある現役のプレイヤーの講義はザクザクと自分に刺さったことを思い出しました。

「こんなところで話しているより、早く帰って仕事をしたい！」と、思わず態度に出ちゃっているような人の話ほど、刺激的でした。

なので、この先思っていることはころころ変わることもあるかと思いますが、ひとまず今現在の僕の考え方、つくり方をできる限り説明していきたいと思います。

## 第二章　ネガティブインプット術　049

## 第三章　ネガティブ企画術

# 第五章　ネガティブクリエイター術　161

イラスト　藤井 亮
装丁・デザイン　名久井直子
DTP　株式会社Sun Fuerza
校正・校閲　くすのき舎
編集協力　安里和哲
編集　福田裕介（扶桑社）

# 第一章　ネガティブ仕事術

# 1 つまらない常識人間というネガティブが、おもしろいものを生む。

僕のように、一見ふざけたテイストのおもしろいコンテンツばかりをつくっていると、本人もさぞ楽しくてテンションの高いおもしろい人なのだろうと思われがちです。

でも、僕と一度でも話したことのある人は、僕がボソボソとした口調で淡々と話すテンションの低い人間だということを知っているかと思います。おもしろいことを話してくれると期待して僕に会った人は、期待外れのがっかりした顔をするならまだしも、「もしかして機嫌悪い？」と無用な心配をさせてしまうことすらあります。

でも、僕の知っている範囲だけではありますが、世に言う〝おもしろいコンテンツ〟をつくる人の多くは、映像や漫画など、どのジャンルでも、まじめな常識人であることが多いように思います。メディアに出るときはおもしろい人を装っていても、プライベートではまじめという人も多いです。狂気すら感じるアニメーションをつくるあの人も、倫理観が吹き飛んだようなギャグ漫画を描くあの人も、実際にお会いすると紳士的な人ばかりでした。

常識・普通からの
距離を気にする
うーん
ちょっと遠いか…
いやこのへんか…?
表現
常識
遠いと
シュール・意味不明に
近いとベタ・あるあるに

それは、おもしろさとは、世間の〝常識〟や〝普通〟からいかにジャンプするか、その距離感が適切に測れないとつくれないものだからだと思います。そのためには、自分自身が世間の常識や普通さ加減を感覚的にわかっていないといけないのです。

もちろん、世間とのズレを意識しないまま、自身のそのズレ自体を世の中からおもしろがってもらえるという、いわゆる「天才肌」の人もいます。時に「天然」や「人たらし」と呼ばれることもある彼らは、キャラクターそのものを楽しんでもらえる羨《うらや》ましいタイプ。そんな人は爆発的に人気が出ますが、浮き沈みの波のコントロールが非常に難しいと思います。一発屋的に扱われることもあるでしょう。

あなたがそうではない場合、普通の感覚を持っていることこそが、そこからいかに逸脱するかを計算するために必要な素質なのだと思ってください。つまらない人のほうが、〝おもしろい〟を客観的に見られるのです。

余談ですが、ふだん泣ける話や感動系の作品をつくっている作家さんや監

泣ける感動作
狂ったギャグ作家
え〜〜!!
苦悩……
メディアに出る時
作品と本人はまるでちがうキャラクター
もちろんそのまんまの人もいます

督のほうが、実際に会うと底抜けに陽気なキャラクターだったりするから不思議です。むしろ自分にない要素だからこそ、その感情を客観的に上手く調理できるのかもしれません。

そう考えると、創作には「自分にはない」と思うがゆえの憧れのようなものが必要なのだと思います。

ふだんからおもしろい人は、すでに日常の中で〝おもしろいことをしたい欲〟が解消されてしまっている、ということもあります。「この人、ふだんめちゃくちゃおもしろいのに、つくっているものはめちゃくちゃ普通だな」という先輩を、僕自身これまでにたくさん見てきました。

お腹いっぱいの状態では食欲は生まれないように、あらゆる欲望には容量があり、おもしろいことをしたいという欲求もむやみに満足させないほうが良いのかもしれません。もちろん食欲と同じように、制限しすぎて胃が小さくなって欲が減ってしまっては元も子もないのですが。

この欲求は〝おもしろい〟に限らずクリエイティブ全般にも言えて、ほどほどにクリエイティブな環境というのは、なにか創作したいという欲求を薄めてしまう怖さがあります。

新人の頃、ガチガチな制約が多い企業のカタログ制作の仕事などを回されて「もっとクリエイティブな仕事をしたい！」と思っていた時期がありました。それでもなにかしらつくる仕事をしていると、ある程度「ものをつくりたい欲」が満たされてしまって、どうしても他に自主制作などをする気持ちになれなかったものです。

そういう意味では、今クリエイティブではない環境にいる人こそ、逆にチャンスだと思ってください。

# 2 がんばる理由がないというネガティブな現実と向き合う。

よく「好きなことを仕事にできて羨ましい」「おもしろい映像をつくる仕事って楽しそう」と言われることがあります。はたから見ると、僕の仕事は理想的なのかもしれません。

でも、おもしろいものをつくるモチベーションを保つのって、実はものすごく難しいことなのです。いばらの道と言ってもいいかもしれません。

まず、つらさを共感してもらえません。

おもしろいものをつくっているんだから、楽しいことをしている。そう思われるのはある意味仕方ないことです。「好きなことをやっている」上に「おもしろければいい」のですから。

本当は苦悩している姿も見せるべきではないのだと思います。美しいものを撮ろうとするカメラマンが苦悩する姿はなんだかサマになりますが、僕のように「どんなポーズで出てきたら一番マヌケに見えるか？」みたいなことで苦悩している人の姿は、そもそもサマになりません。

むしろ、おもしろいものをつくる人の苦労なんて、見えてしまったら興醒めしてしまうでしょう。

こんな本を偉そうに書いておきながら言うのもなんですが、できれば賢そうなこともなるべく言いたくありません。おもしろコンテンツは、なるべく「なにも考えていないアホがつくったんだろうな」「幼稚でバカなことをしているなあ」と思って見てもらうくらいがちょうど良いのです。

もう一つ、おもしろいをつくるのが大変なのは、「がんばる理由を求めるのが難しい」ということです。

なぜなら、世の中の仕事の大半は、実は本当におもしろいものなど求められていないからです。

とくに広告やテレビCMの仕事において、クライアントが求めているのは本当におもしろいものではなく、〝ユーモア風〟のものでしかないことが多いです。CMの最後にタレントが「ちょっと気の利いたおもしろい感じの一言」を言ったりするくらいのヤツです。

本気で変なものをつくって放映したいなんてクライアントはごくわずか。一般的なクライアントの要求を満たすだけなら、がんばっておもしろいものをつくる理由はないのです。

一方で、予算や納期、上司や営業にあれこれ言われたなど、がんばらなくていい理由や、つまらなくてもいい言い訳は無限に出てきます。

それに、僕の作品は映像のディテールにひたすらこだわってつくり込むことが多いのですが、そのほとんどは僕が「好きでやっている」としか言えないものが多いです。

つくり込んでいく段階で、ある一定のラインを超えると、対外的な〝がんばる意味〟はなくなってしまいます。これ以上は、いくらがんばっても予算がつくわけでもないし、クライアントも別にそこまでやってくれとは言っていない、というラインです。

そのラインを超えての作業は、クライアントどころか、実のところまわりのスタッフすら求めていないことだったりします。「そこを変えて良くなると思っているのは、ひょっとして僕だけなんじゃないか」と、制作中はずっとそうした疑心暗鬼との戦いです。

がんばっておもしろいものをつくらなければいけない理由なんて、実はあ

『TAROMAN 岡本太郎式特撮活劇』
(NHK Eテレ、2022年)


りません。がんばる理由を理屈で考え出したら、とてもじゃないけどがんばれなくなってしまうでしょう。その理由は「おもしろいものをつくりたい」という自分の感情の中に探すしかないのです。むしろ、そこからが勝負のような気もしています。

たとえムダでも、報われなくても、がんばるための合理的な理由を無視している人のつくるものには、たまらない変な魅力があると僕は思います。そこをさらっと流してしまうと、ただの〝それっぽいもの〟で終わってしまうとも思っています。

『TAROMAN』も、僕のわがままでかなりディテールにこだわらせてもらいましたが、作品が話題になったおかげで、そんな自分のこだわりに気づいてくれた人が多くて本当に嬉しかったし、手を抜かなくて本当に良かったと思いました。

だから僕は、「そのほうがおもしろそうだから」「好きだから」という、どこまでも幼稚な理由で今日もがんばっています。

# 3 自分の居場所が定まらない孤独がものづくりのバネになる。

僕は肩書きこそ「映像作家」と名乗っていますが、本業が今一つはっきりしていません。監督もすれば、脚本も書きますし、アニメーションもつくります。デザインもしますし、クリエイティブディレクターもすれば、CMプランナーとしても、アートディレクターとしても、コピーライターとしても働きます。

一方、最近では「あれもこれも手を出すべきではない」とか「一つのことに集中すべきだ」といったアドバイスをよく聞きます。今の時代、なんでもできるジェネラリストではなく、一芸に特化したスペシャリストじゃなければ生き残れない、というわけです。

確かに、あれもこれも、それなりにできる器用貧乏のクリエイターというのは魅力に乏しく感じます。頼む側も、せっかくならその道のプロに頼みたいという気持ちになるのは間違いないでしょう。「そこそこなんでも」では、そこそこの仕事しかお願いされません。

そういう意味で言うと、一見、僕は時代の流れに反した〝なんでも屋さん〟かもしれません。でも、見方を変えれば〝おもしろいものをつくること〟に対するスペシャリストであるとも言えるし、そうありたいと思っています。

「プロの映像クリエイター」は何百人、何千人と数え切れないほどいるでしょうが、「くだらない映像をつくるスペシャリスト」は数えたほうが早いくらいです。

見方によっては、一人のCMディレクターがおもしろ系も、感動系も、おしゃれ系もなんでもやることのほうがジェネラリスト的ではないでしょうか。

しかし、こういった職種不定なもののつくり方をしていると、どこの同業者の集まりに行っても自分の居場所ではないような寂しさがあります。とくに広告業界には東京コピーライターズクラブなどの同業の集まりがあるのですが、どれも本業ではないという負い目があり、諸手《もろて》をあげて輪の中に入っていけません。

これはなかなか寂しいものがあります。別にアーティストというわけでもないので「孤高」でありたいとも思っていないのに、気がつけば世界の片隅でひっそりと〝なんか変なことをしている人〟になっているのですから。

でも、あの芸術家・岡本太郎だって「孤独こそ人間が強烈に生きるバネだ」と言っています。自分を受け入れて認めてくれるぴったりの居場所があると、そこで充実してしまって、それ以上枠を超えた一歩を踏みだそうという気持ちになりません。孤独と向き合っている時間は大切です。人は一人のときにこそ、世界に向けてなにかをつくりたくなるものですから。

ちなみに、職業不明の生き方をしていることで、一つ良かったことがあるとすれば、その職業における順位や立ち位置で人を羨ましがったり、一喜一憂したりしなくてもいいところです。

昔は雑誌などでＣＭプランナーの評価ランキングを見るたびに嫉妬していましたが、今では「まぁ、ここが本業というわけでもないし」くらいの気持ちでいられるようになりました。

# 4 プレゼンが下手というネガティブが、企画を通す。

広告代理店にいた時代、僕はプレゼンが下手なことで有名でした。ガチガチに緊張して、ボソボソした声と平板な調子で淡々と話すその様子に、上司からは「お前がしゃべると企画のおもしろさが8割減するな」と言われるくらい。プレゼン会場をドッカンドッカンと沸かすパフォーマー的な人を見て、僕にはとうていマネできないと羨んだりもしたものです。

ところが、今は自分はそのままでいいかなと思っています。なぜなら、プレゼンで会場の爆笑をさらうような人の企画が、実際につくられてみると意外とおもしろくなかったりするからです。

というのも、プレゼンが上手すぎる人は、そのプレゼン力で60点の企画でも通せてしまうのです。なまじプレゼンの上手さで切り抜けて見切り発車の企画を進めることになってしまったばかりに、あとあと自分で後悔することになるパターンを何度も見てきました。

むしろ、プレゼンが下手なほうが、〝拙《つたな》いプレゼンでも通るくらい〟企画の精度を上げなければいけないので、結果的に企画が良いものになるとすら僕は思っています。

ときどき、「藤井さんはどんなプレゼンをして、クライアントからおもしろ企画のＯＫをもらっているんですか？」と聞かれることがあります。僕がさぞトリッキーなテクニックを駆使したおもしろおかしいプレゼンをして、本来なら通るはずのない企画を通していると思っているのでしょう。

しかし、冒頭にも書いた通り、僕自身はプレゼン下手。企画会議やプレゼンで、ウケ狙いの発言をして会場を笑わせたことなど一度もありません。それどころか、当の企画の説明でも「ここで笑いが取れます」「ここがおもしろいです」という言い方はあえてしないようにしています。そもそも、「これはおもしろ企画です」という体《てい》で企画書を出すことすらありません。

では、どういうプレゼンをしているのかというと、広告というのは見た人の記憶や印象に残すことが目的なので、その課題を解決するための道筋をしっかりと丁寧に説明するようにしているだけです。

「こうすることで印象に残せます」「このギャップによって驚きが生まれて見た人の記憶に残ります」「ここでまず違和感を与えることで注意を引きま

す」といった説明をすることで、「笑わせることが目的ではなく、目的達成のための要素がたまたまユーモアなのです」という流れにしています。
場合によっては、僕のプレゼンを聞いてもそれがおもしろ企画だとは気づかない可能性すらあるでしょう。

こうすると何がいいのかというと、「企画の筋が通っているかどうか」という基準で採用されるので、企画が通ってしまえば、どうおもしろくするかは自分の裁量次第にできることです。ベースの構造を理解してもらうことで、あとから「こんなふざけた企画になるとは思ってなかった」と企画をひっくり返されることも避けられます。事実、企画が通ってからクライアントに不満を言われたり、企画変更を要求されたことはほとんどありません。

プレゼンは「俺のおもしろさをアピールする演説の場」ではありません。あくまで課題解決のために、自分がどのように考えたのか、企画のロジックをまじめに説明すること。結果的に、それが自分のやりたい〝おもしろさ〟を通すための担保になるのです。

# 5 マッチョではないネガティブさが、アイデアの粘りを生む。

広告代理店にいた頃、営業や制作職を問わず、まわりには〝コミュニケーション力の塊〟みたいな人たちがゴロゴロいました。彼らの中には大学運動部出身の筋骨隆々な人も多く、その持ち前の〝突破力〟のようなポジティブさで、物事を強く推し進めていく力がありました。勝つためのチームプレイに慣れていて、上下関係を重んじ、体力もある。理想の会社員です。

僕にはない強さと明るさを放つ彼らのことを、虚弱人間の僕は日々うらやましく思っていました。彼らのようなコミュニケーション力があればもっと企画が通せるのに……と。

しかし、そんなポジティブさにも弊害があります。精査されていないそこの企画でも、「いいよこれ！　イケるイケる！」とその場の勢いをコントロールして見切り発車できてしまうので、あとになって困ることが結構あるのです。そんな場面を多く見てきたことで、僕自身の考えも少し変わってきました。

もちろん、ポジティブ思考自体がいけないわけではありません。アイデアを決める瞬間や、作品を世に出す瞬間など、思い切った攻めの姿勢は必要なものです。ただし、クリエイティブな作業には「これで本当にいいのだろうか」「もっといい方法はないだろうか」「1点でも良くするにはどうしたらいいのか」と、ウジウジと考え続けるネガティブ思考が絶対に必要だと僕は思います。

少なくとも僕は、制作中はずっとネガティブです。でも、そのおかげで何回も作品を見返して、もっとおもしろくならないかを常に考えた結果、仕上がりが良くなったことが山ほどあります。自分のネガティブさにいつも助けられてきたのです。

運動部出身の人に仕事上の〝突破力〟や〝推進力〟があるのは、筋トレをすると、男性ホルモンの一種であるテストステロンが分泌されて、積極性や攻撃性が高まるからと言われています。確かに、彼らとは生き物としてのつくりが違うな、と感じさせられることはしばしばあります。

でも、僕のような人間が、ポジティブな〝突破力〟で力強く物事を推し進めていく人たちと肩を並べるには、別の武器で勝負するべきなのです。

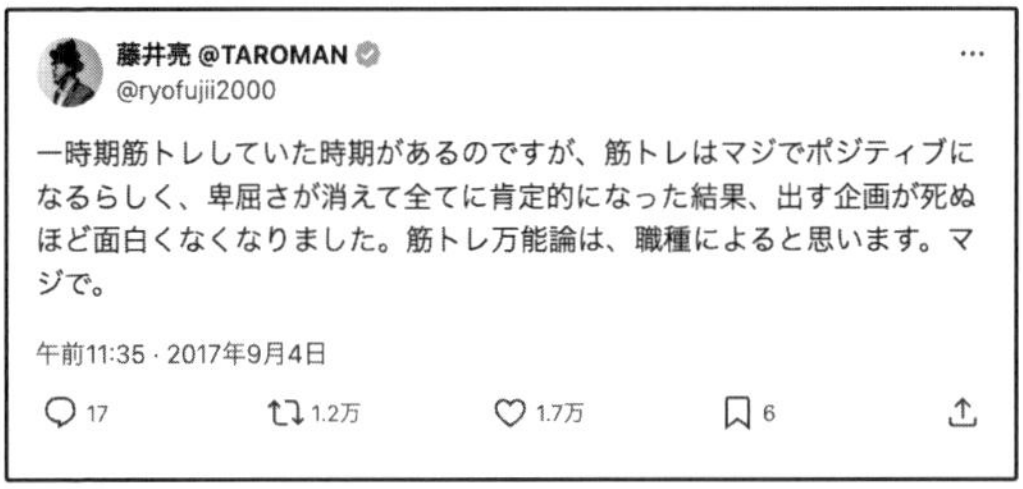
藤井亮 @TAROMAN
@ryofujii2000

一時期筋トレしていた時期があるのですが、筋トレはマジでポジティブになるらしく、卑屈さが消えて全てに肯定的になった結果、出す企画が死ぬほど面白くなくなりました。筋トレ万能論は、職種によると思います。マジで。

午前11:35 · 2017年9月4日

17　1.2万　1.7万　6

藤井亮(@ryofujii2000) 2017年9月4日のX(旧Twitter) 投稿より

僕自身、なんとか彼らに負けじとジムに通いはじめたこともありましたが、当時、X（旧Twitter）に次のような投稿をしたところ、万を超えるリポストがあり驚きました。

〝一時期筋トレしていた時期があるのですが、筋トレはマジでポジティブになるらしく、卑屈さが消えて全てに肯定的になった結果、出す企画が死ぬほど面白くなくなりました。筋トレ万能論は、職種によると思います。マジで。〟

ただ、割と少なくない数の人が「面白くなくなりました」を「面白くなりました」と読み間違えていて、「やっぱり筋トレは最高ですね！」みたいな反応が多々寄せられてもきましたが……。やはり〝筋肉教〟は強固なようです。

あの藤子不二雄Ⓐ先生も、空手の修行をはじめたところ、健康的になりすぎて漫画のアイデアがまるで出なくなったので慌ててやめた、と聞いたことがあります。ポジティブ筋肉の扱いの難しさには偉大な先人たちも悩んでいるのです。「筋肉は裏切らない」と言いますが、良いやつすぎて困る、みたいなところがありますね。

もちろん、立派な中年男性である僕自身、すぐに肩や腰に不調が出ることもあり、最低限のトレーニングは嫌々ながら続けています。体力維持や心身の健康のための運動まで否定しているわけではないことは念のためお伝えしておきます。

この項目はある意味、僕の運動嫌いの言い訳なのかもしれません……。

# 6 地方在住というネガティブが、メンタルを健全に保つ。

僕は今、家族の仕事の都合などもあり大阪に住んでいますが、「東京にいれば、もっと仕事のチャンスもあるのに……」とネガティブになることは日々あります。実際、有名なクリエイターの方はほとんどが東京在住です。

でも実は、僕の場合「東京にいない」ことがメンタルの消耗や疲弊を防ぐためのちょうどいい対策になっているような気がしています。

東京にいると、「あいつにはすぐ連絡が取れるから」という理由で仕事をもらえることが多くあります。フットワークの軽さをアピールすることでチャンスに繋がることは間違いなくあるでしょう。ただ、それを繰り返していると、本当は〝誰に頼んでも良かった仕事〟が積み重なっていき、時間もエネルギーも消費されるばかりで追い込まれ、次第に疲弊していくのを感じることが多くなったのも事実です。

それに、東京にいるとまわりに有名無名にかかわらず同業者も多く、仕事への理解もあり、リスペクトしてもらえることや褒めてもらえる機会が多くあります。そのせいで、なんだか自分が日本のクリティブの本流や最先端にいるような錯覚を起こすことすらあります。自己肯定感の低いネガティブ人間には大変うらやましい環境です。

その点、大阪にいるとまわりに同業者も少なく、語弊を恐れずに言うと、クリエイティブの本流から完全に離れた無人島で仕事をしている気分になります。

そもそも、「アートディレクター」とか「映像クリエイター」といったふわっとした肩書きに対して、基本的に世間の理解がありません。おそらく大阪の人に「映像クリエイター」と言っても、「ふーん、テレビ局とちゃうの?」と言われるのが関《せき》の山。ロケでの撮影中に野次馬で集まる子どもからは「なんや、YouTuberちゃうやん」とがっかりされるくらいです。

毎日子どもを送り迎えしている保育園の先生からもなにをしているのかわからない怪しい人と思われている可能性すらあります。

しかし、そんなクリエイティブに理解のない風土と環境のおかげで（大阪の人ごめんなさい）、自分は特別なクリエイターなんだという変な自負や勘違いをせず、ただの一般人としての健全な感覚を持って過ごしていられる気がするのです。

日本のクリエイティブの本流にいられない妬《ねた》みや嫉《そね》みもあるにはありますが、「自分は、はじっこにいるんだ」という自覚があるぶん、変に追い込まれることなく、メンタルをおかしくせずに済んでいるという実感があります。

それに、大阪に住んでいると「とりあえず連絡がつくから」という理由で声をかけられることはありません。わざわざ自分を選んで仕事を頼もうと思ってくれる人からの依頼しかこないのです。これも、消耗を防ぐことができている一因でしょう。

自分らしさや、自分の本当にやりたいことを見失わないためには、世界の真ん中にいないという選択肢もあるのかもしれません。

大阪だって十分大都市圏じゃないか、と思うかもしれませんが、ことクリエイティブ業界においては、「東京以外は全部ローカル」という感覚は間違いなくあります。やはり東京にいるメリットは莫大なので、誰にでも安易に大阪に住むことをおすすめするわけではありません、念のため。

# 7
# クリエイティブとは関係ないネガティブな嫉妬心に決着をつける。

お金のことを考えだすと誰しも不安ですよね。僕のような零細企業経営者は、日々消えていく固定費を見て見ぬふりする毎日です。

そんなことを言いながら、実は僕自身、めちゃめちゃ儲けたいというような欲はあまりありません。依頼される案件も、楽しそうなこと、やってみたいことを最優先で選んでいるふしがあります。

「予算を気にせず寿司屋で食べたいものを注文する」というのはお金持ちの行動ですが、その逆で、予算を気にせずおもしろいものをつくれそうな仕事につい手を出しちゃっています。

金銭的・物質的な欲望みたいなものは、なにかをつくろうとしているときに判断を誤らせる原因になりがちです。

おもしろいものをつくりたかったはずが、制作費がかさんでくると予算内に収めることで頭がいっぱいになってしまったり。このままだとおもしろくならなそうだから、せめて売り上げだけは立てようなんて思ってしまったり。

だからこそ、クリエイターたるもの、自分の欲望や嫉妬はうまくコントロールしたほうがいいと思っています。

僕自身、若い頃は成功者への嫉妬を多分に抱えているタイプでした。

若くして業界から注目されて華やかに見える生活をしていたり、いわゆる〝東京のおしゃれクリエイティブ界隈〟に出入りしているような人に対して、妬みや嫉みを感じていました。日々、雑誌に載っているおしゃれクリエイターのインタビューに対して、ああだこうだとケチをつけては溜飲《りゅういん》を下げていたものです。

でも、それは「あの人の才能やセンスに追いつけない自分が悔しい」といったクリエイティブ上の不満ではなく、実際は〝単なるお金持ちへの嫉妬〟とほとんど同じだったように思います。愚かな僕はそれを混同していたのです。


そこから見える〝お金持ち的なゴール〟に本当に自分は憧れているのか？

その嫉妬心って、本当に自分の欲望だろうか？

まわりがありがたがっているから思わず羨んでいるだけで、自分自身は本当にそれを必要としているのだろうか？

そう考え出したら、正直わからなくなってきました。

そこで試しに、高級ホテルに泊まってみたところ、確かに快適で素晴らしい体験ではありましたが、同時に「3日もいたら飽きるな」とも感じました。じゃあ、その上は？　ハリウッド映画で観るような、クルーザーに乗ってお酒を飲んでいるみたいなアレ？　そりゃあ一回くらいは楽しいだろうけど、別にそこまでしたくはないかなあ……。

そういう暮らしがトップクリエイターの目指すべきゴールだとしたら、僕は金銭的なモチベーションではそこまでがんばれないかもしれない、とさえ思いました。

漠然とした嫉妬心の正体は、ただのないものねだりで、実は自分には必要のないものだったのです。

今、羨望や嫉妬に狂っているあなたも、無用な嫉妬心を手放すために、いっそのこと思い切ってお金を出して、一度高級なものを経験してみるといいのではないでしょうか。

すると、ＳＮＳで高級なレストランの写真をじゃんじゃんアップしている人を見ても、「あれはあれで大変そうだな」くらいにしか思わなくなるかもしれません。

もちろん、憧れや欲望は上手く乗りこなせばモチベーションやエネルギーにもなる大事な要素ですが、振り回されては本末転倒です。ないものねだりのまま漠然とした嫉妬心をこじらせてしまわないためにも、自分が本当にそれを望んでいるのか、一度欲望の棚卸《たなおろ》しをしてみるといいでしょう。

# 8 どんな仕事も「やりたくてやってる」状況に追い込む。

広告代理店に勤めていた時代に上司から言われた言葉の一つに、「ご飯の仕事7割、おかずの仕事3割を目指せ」というものがありました。
「ご飯の仕事」とは、メシを食っていく（＝お金を稼ぐ）ための仕事ということ。対して「おかずの仕事」とは、自分が本当にやりたい楽しい仕事のことです。つまり、「すべての仕事のうち、おかずの仕事を3割できていれば制作者としては幸せだ」というわけです。

代理店では、常に複数の仕事を同時に10件くらい回していかなければならなかったので、「おかずの仕事3割」で御の字なのかもしれません。

ですが、独立してフリーになった今、一つずつの仕事に全力で注力している僕は、「おかずの仕事10割」でしか働かないようにしようと決めることにしました。そんなことをしたら仕事がなくなってしまうのでは、という恐怖を常に感じながらですが……。

どんな人でも、やりたくてやっていることと、やらされていることの間には大きな熱量の差があるはずです。もちろん、その差を可能な限り埋めるのがプロの仕事ではあります。

でも、そこに多少なりとも熱量の差、クオリティの差があるのであれば、自分がベストなものを提供するのがプロだという考え方もあるはずです。少しでも熱量の少ないものを提供することは依頼主にも失礼ですし、クオリティにも影響があります。

その結果、はたから見ると「自分のやりたい仕事ばかりしていて楽しそうだな」と思われるかもしれませんが、全力でやるためには「自分が好きでやっている」「仕事じゃなくてもつくりたい」くらいに思っていないと、実際問題として気力も体力ももたないし、がんばりが続かないのです。

逆に、そう思うからこそ、手を抜かずに100%の力でがんばれるともいえます。分業せずに、企画から演出、仕上げまで一人、長くつき合うつくり方をしているからこそ、なおさらです。


僕自身、どんな仕事をしていても、がんばれない言い訳や理屈はスラスラとたくさん出てきます。「予算が……」「体調が……」「クライアントが……」「スタッフが……」「作業量が……」「めんどくさい……」などと実際に会社

で愚痴をこぼしながら進めています。
そんなときでもちゃんとやり切るため、自分を動かすためにも、すべての仕事を「やりたくてやっている」と言えるようにしています。やりたくてやっているのだから、人のせいにはできない、という状況に自分を追い込んでいくのです。

もちろん、「仕事なんだから、自分のつくりたいものばかりつくれるわけじゃないよ」と感じるかもしれません。でも、どこか一箇所でも良いのです。「これがつくれるなら、もう趣味だよね」と思えるくらい、楽しめる要素があれば。

そもそも、つくりたいものをつくっていても、しんどい上に面倒くさいのですから。少しでも「これはご飯の仕事だから」と自分に言い訳を許してしまったら、仕上がりに責任を持てなくなってしまいます。

そのためにも、自分に裁量がまったくない仕事、自分が矢面《やおもて》に立てない仕事は、なるべく引き受けないようにしています。そうするとどうしても仕事自体のスケールは小さくなるかもしれませんが、「鶏口《けいこう》と為《な》るも、牛後《ぎゅうご》と為《な》る無《な》かれ」の精神でやっています。
代理店時代、他のクリエイティブディレクターの下につく仕事では、企画を出すにしても「その人に通す」ための案出しになってしまい、どこか他人事でした。責任を持っていない自由さゆえのアイデアの飛躍もあるのかもしれませんが、どれだけ熱心にやっているつもりでも、仕上がりの責任を自分がとらない立場では、やはり当事者意識が希薄になるのです。

似たようなことですが、「自分がつくったと人に言えない仕事はしない」というのも自分を追い込む方法の一つです。実は、有名なクリエイターの方々でも自分の名前で発表していない仕事というものがたくさんあります。意図的にそれをやらないと決めるというのも、自分が手を抜かないための枷《かせ》になってくれるでしょう。

よく「広告はあくまでクライアントのものであって、クリエイターの作品ではない」と言われます。おそらく糸井重里さんらが活躍していた頃の、広告が文化をつくっていた時代に対する揺り戻しとしてそう言われているのでしょう。

理屈は通っているし一つの正解だとも思いますが、少なくとも僕自身は、自分のつくったものは「作品」だと思うようにしています。そういう意識で取り組まないと、がんばるモチベーションにならず熱量が足りなくなってしまうからです。

もちろん、「僕の広告はすべて作品です」と言いふらして回ると偉そうなので、あくまで自分の中でそう思うようにしている、という意味ですが。

# 第二章　ネガティブインプット術

# 9 さみしくても、誰も登っていない山に一人で登る。

クリエイターたるもの、常に最新のコンテンツをキャッチアップしていなければなりません。SNSで話題の新作は逃さずに追いかけてインプットしましょう。

……みたいな人からすると、僕はまったくもって失格の人間です。世の中から置いてけぼりにされるようなインプットしかしていません。欠かさず追いかけているのは、子どもと一緒に見ている『おかあさんといっしょ』くらいです。

もちろん、見る側としては新しい刺激を求めるのはとても楽しく、それでまったく問題ないのですが、つくる側になったとき、その姿勢は単純にクリエイターとして効率が悪くはないでしょうか。

常に流行のコンテンツを追っているばかりでは、「こういうのがウケている」「流行りに乗っかろう」として、無意識に二番煎じの後追いコンテンツをつくってしまう気がするのです。「冷静な分析によるマーケティングとはそういうものだ」と言われたらそうかもしれませんが、せっかくつくるのであればなにか目新しいものをつくりたいものです。

その目新しさのヒントは、トレンドを漁《あさ》っていても見つからないと思います。みんなが集まっているところは一見正解に見えますが、そこへ行かないと間違いなんじゃないかと不安に駆られる元でもあります。

それなら、みんなが大挙して夢中で登っている山の最後尾に今から並んで登るよりも、まだ他の人が登っていない山を登るほうが、新鮮でおもしろい景色が見えるかもしれません。

まるでただの天邪鬼《あまのじゃく》のように聞こえるかもしれませんが、この「まわりの人があまりインプットしていないものを摂取する」というのは、クリエイティブにおいては本当に効果的で、しかも簡単にできるやり方です。

もちろん、みんなが知っている王道を狙ったコンテンツで超ハイクオリティのものがつくれたら最高ですが、ほとんどのクリエイターにはそれを許されるチャンスもバジェットもなかなかもらえません。

だったら、あえてみんなとは違う山に登り、王道からの違和感やズレによ

子供のころ、祖母の計らいで
本をツケ払いで買うことができました。
藤井です
知識を得ることへの抵抗感がないのは
このおかげかもしれません

って目立つことを目指してみるのも一つの手です。そのほうが見ている人の心にひっかかりやすくなるからです。

僕の場合は、みんなが最新技術でハイクオリティな映像をつくっている中、あえて昭和のローカルCMのテイストやアナログ特撮を再現した映像をつくったりしています。その違和感やズレを、観た人は逆に新鮮に感じてくれるのです（この手法も、今ややる人が増えてしまって新鮮味は失われつつありますが……）。

そんな違和感やズレというノイズを自分の作品に取り入れるためには、みんなの興味のあるものしか流れてこないSNSのタイムラインを見ているだけでは難しいと思っています。

たとえば、本屋に行ってあえてまったく知らないジャンルの棚をのぞいてみるようなことや、まわりの人が観ていなさそうなジャンルの映画を進んで観てみるようなことが効果的です。そうすることで、本棚には石の図鑑や黒魔術の解説本などわけのわからないものが増えていきます。ロシアや東南ア

『大嘘博物館』（渋谷 PARCO、2022年）
主催：ほぼ日／共催：キタンクラブ／企画・プロデュース：藤井亮

ジアの古い映画なんかを観て混乱することも多々あります。
でも、そんな流行を無視した乱雑なインプットが、自分でもどう役立っているのかわからないまま、どこかで活きてくるものなのです。

2022年に渋谷PARCOで、『大嘘博物館 カプセルトイ2億年の歴史』という展示品のすべてが嘘でできた博物館を開催したことがあります。このときは、過去の乱雑なインプットが「博物館」というフォーマットに収束し、一つのよくわからない体験に結びつくという貴重な経験をすることができました。80年代のカルチャーや、妙なヘタウマ感の味のあるロマネスク美術、陰謀論の映像、古代遺跡から化石まで、今までの自分が興味を持ったものを無理やりカプセルトイに結びつけていったのです。

そんなニッチに向けた狭い表現をしていると、世間で話題にならないのでは？　と疑問を覚えると思います。実際、僕もつくっている最中はいつも心配で冷や汗をかいているくらいです。

しかし実は、表現のターゲットや射程が狭かったり短かったりすればするほど、見ている側の「この良さをわかっているのは、自分しかいないのでは……?」という気持ちをくすぐり、王道のコンテンツよりもむしろ大きな熱量でSNSなどで語ってくれるような気がしています。

ちなみに子どもの頃、父は欲しいものはあまり買ってくれませんでしたが、薬局に置いてあったカエルのケロちゃん人形を100体とか、大量の魚の醤油差しとか、よく変なものを買ったりもらったりしてくる人でした。子ども心にもどう遊んだら良いのかと唖然としたものですが、どうにかこうにかあるもので創意工夫して遊びを考える精神を培ってくれた気がします。

ドラゴンクエストが欲しい欲しいと言い続けた誕生日に買ってきてくれたのは、巨大な謎のアンテナのついた怪しいラジオでした。みんながスライムを倒してレベルを上げている間、仕方なしに謎ラジオをチューニングして北朝鮮かどこかの謎言語のラジオを聴いていた経験は、なにかズラした表現をする現在の僕の血肉になっているように思います。

流行りのものは〝かぶらない〟ために見ておくくらいでちょうどいいのかもしれません。

## 人気の山に登るか……

## あまり人が登ってない山に登るか…

# 10 同じ映画ばかり観ているというネガティブさも大きな学びに。

話題の新作を常に追いかけるよりも、したほうがいいと思うことのもうひとつとして、〝ひとつの作品を10回観てみること〟をおすすめします。

どんな映画でも、初見のときはまず全体のストーリーだったり、映像の迫力を味わうことで精一杯です。そもそも勉強しようなんて思って観るのはもったいないので、純粋に楽しむことを優先しましょう。

大事なのは2回目以降です。大枠のストーリーはわかっているので、今度はいろいろな要素を冷静に観ていくことができます。カット割や構図、ライティングや衣装、小道具など、どんどん細部に目を凝らしていくことが可能になります。

これは、そういうディテールの積み重ねが、どのように素晴らしい作品をつくっているのかということを、時間をかけて知っていくための作業です。演技だけに注目して観る回、音響や劇伴などの音だけに注目して観る回があってもいいかもしれません。

初見のときはただただ興奮していたシーンも、細かいカットの連続でテンションを上げていたのか、とか、この手前の静かなシーンが効いていたのか、など、どんな仕組みで自分が興奮していたのかが徐々にわかってくるのではないかと思います。

そして、ここのつくり方は自分の仕事にも反映できるな、というところがいくつも見つかってくるでしょう。アングルや、構成、演技など、あらゆることが自分の糧になっていくのです。

映像を学ぶ人間であれば、10本の作品を1回ずつ観るよりも、1本の作品を10回観たほうが、絶対に学びは大きい。僕はそう思います。

さらに〝観察力〟の質を高めたいなら、おもしろいコンテンツを見たときに、そのおもしろさの要素を分解して考えてみることもおすすめです。たとえば、映像作家やディレクターであれば、いいなと思うCMを見たら自分で絵コンテに戻してみるのです。

絵コンテとは、映像の設計図のようなものです。完成品から逆算して想像して設計図を描いてみることで、カット数、カット割の仕方、アングルの切り替え方、溜めのつくり方など、作品の構造が具体的にわかってきます。何気なく見ていた映像に、こんな工夫が成されていたのかと気づくこともたくさんあるはずです。

1本の映画を絵コンテ化するのはなかなかハードですが、CMであればさほど時間はかかりません。長い映像も、短い映像もうまく利用して、たくさんのことを吸収し、自分の要素にしていってください。

# 11 つまらない作品のアラ探しをしておもしろい作品に嫉妬することも意味がある。

言い方は良くないですが、世間的に駄作やつまらないと言われている作品からは、たくさんの学びをもらえます。

レビューを調べて点数が低いからと、観るのをやめてしまったり、ちょっとだけ観て「つまんないな、時間のムダだ」と切り捨ててしまうのは、実はもったいないです。

もちろん、ただダラダラと観ていても、それは確かに時間の無駄でしょう。でも、「自分だったらこうやって撮るのにな」「自分だったらこんな話にするよな」などと考え出すと、つまらない映像もすべてのカットに発見や学びが見つかります。

アラ探しのようで、つくった人にはとにかく失礼ではありますが、ネットに辛辣《しんらつ》な意見を書くよりもずっとマシです。冷静な目線でどんどん改善点を探し出していきましょう。本当におもしろい映画では思わず入り込んでしまってなかなかこうはいきませんからね。

この「自分だったらこうするのにな」という思考は、常に発動させておくことをおすすめします。駅の看板からトイレの貼り紙、電車内で流れているCMからYouTubeまで、「自分だったらこうする」目線で見ていると、そこから新しいアイデアが生まれることが多いです。自分のクセになるまで、無意識のうちに「自分だったらこうする」を考えるよう習慣化させると良いと思います。

また、おもしろい映画や作品を観ると、「なんで俺はこういうものがつくれないんだ……！」と感動して打ちのめされますが、僕の場合、それと同時に「俺だって、本当は、チャンスがあれば、つくれるもの！」というまったく根拠のない嫉妬心のようなものがメラメラと生まれてきます。

実際つくれはしないんですけど、心の中で「俺だってつくれるもの！」と思うのは自由です。どんどん嫉妬していきましょう。

そんなふうに自分を感動させたようなものを、つくれていない自分に腹を立てていると、その嫉妬心がやる気の燃料になっていきます。嫉妬や羨望は良くないと言われますが、僕の場合は、そういうネガティブな感情からけっこうエネルギーをもらっているのです。

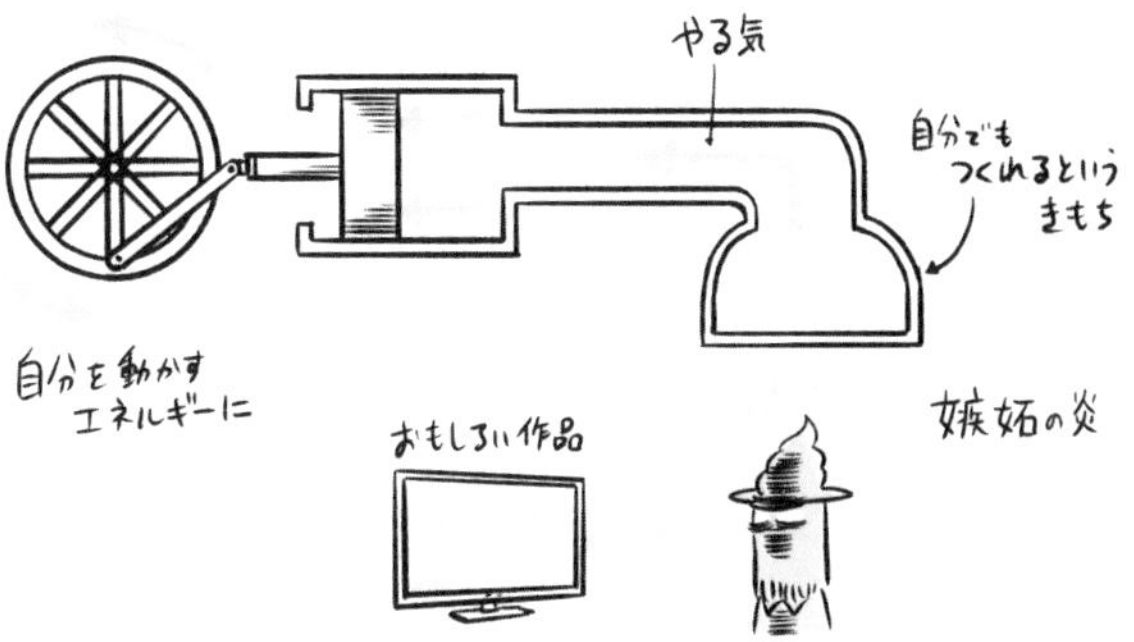
やる気
自分でも
つくれるという
きもち
自分を動かす
エネルギーに
おもしろい作品
嫉妬の炎

これは一見、自分に自信があるのかないのかよくわからないスタンスですが、ものをつくる人なら心当たりがあるのではないでしょうか。「自信はないけど、ある」という面倒くさい人は、ものをつくる仕事に向いているような気がします。

このように、「つまらない」に対する冷静な感情と、「おもしろい」に対する熱い感情を、交互に浴びている状態はまるでサウナの交互浴のようです。サウナで体を熱くした直後に、冷たい水風呂に浸かるというサイクルで、血管の拡張と収縮が繰り返され、体中を血が巡るように、自分の頭の中をいろいろなものが巡って、アイデアが生まれるかもしれません。

僕のつくった映像を見たときも、みなさんどんどんアラ探しをしてください。ただ、それをSNSに書かれると泣いてしまうので、できればこっそりやってもらえると助かります。

# 12 視力は悪くても"見る力"は良くありたい。

インプットした対象を"どんなふうに見るか?"もクリエイターにとっては大事です。同じものを見ていても、なにをおもしろがれるか、なにに興味を持てるか、どこに違和感を感じられるか、といった"見る力"がものを言うからです。

僕の知っている優秀なつくり手の人たちは、一つのものを見たときに、そこから得られる情報量が普通の人よりも桁《けた》違いに多いと感じます。

俗に言う"観察力"という言葉を使ってしまうと、そこには全体の状況把握や、空気を読む気配り力といったイメージがありますが、ここで言う"見る力"とは、もっと偏った能力です。他のところは全然見えていないくらいなのに、「そんなところを、そこまで見ているの?」と思わせるような、そんな能力のことです。

たとえばそれは、人によってはただの街でしかないような、なんでもない風景からどれだけの情報量を引き出せるか? ということです。

絵を描く人であれば、その風景から光の印象や、色合い、空間の奥行きなどを読み取るでしょうし、デザインをする人は看板のフォントやレイアウトなどが気になるはずです。アニメーションをつくる人にとっては、人の動きから、街路樹の葉の動きまであらゆる動きが気になるでしょう。

話をつくる人なら、街行く人がなにをしようとしてるのか、どんな会話をしているのかに意識が向くでしょうし、企画をする人は、あらゆることに対して「なんでこうなっているのだろう?」と疑問を抱く〝見る力〟があると思っています。

人によって見る角度や場所や深さがまったく違い、それがその人の個性になっているようにも感じます。

僕の場合も、実際の視力こそ悪いのですが、〝見る力〟は日々鍛えるようにしています。〝見る力〟が弱いとディテールの細かい違いに気づけないので、結果として世界観のつくり込みが甘いものになってしまうと思うからです。

どんな映像を観ても、構図やライティング、テロップの見え方などがあれこれ気になりますし、また人によって見ているところや角度が違うので、撮影中や編集中も、気になるところがないかをいろいろなスタッフに常に聞くようにしています。

そうやって〝見る力〟がついてくると、どこに行っても退屈はしません。病院の待合室のようなところでも、スマホがなくても延々と気になるところや〝見る〟べきところがたくさんあるのです。

壁に貼ってある案内ポスターのキャラクターがなぜこうなったのかを想像したり、天井の照明はなぜこんなふうに取りつけられているのか考えたり。仕事と直接は関係ありませんが、「なんで？」という目線で見ていると、いくらでも飽きずにいることができます。逆にスマホを手にするとそういうことを考えなくなってしまうのが、スマホの恐ろしいところです。

では、そういった〝見る目〟を鍛えるにはどうしたらいいでしょうか？

いちばん効率的なのはデッサンだと思います。デッサンは、ただひたすら、目の前にあるモチーフをいかに正確に画用紙に写しだすかの訓練です。そのものの形、どのように光が当たっているか、どんな質感、量感のものなのかを、観察する作業です。

自分の作家性やアイデアなどを入れる雑念もなく、ひたすら観察を続けることは、単純な画力の向上だけではなく、ものを見るとはどういうことかを体で理解する訓練になります。僕自身、美大受験の頃に、朝から晩まで毎日デッサンを続けたことが、今も自分の血肉になっている実感があります。

ちなみに、自分は絵が下手だと言っている人に限って、資料を見て描かない傾向にあります。観察すること、見ることをしないで想像で絵を描こうとしてしまうのです。絵が上手い人ほど、資料をしっかりと調べて描いています。

これは企画も同じです。あらゆる資料をしっかりと調べ、観察することなしには、ディテールがスカスカのものになってしまいます。

僕は料理が下手で、技術が伴っていないくせに、ちゃんとレシピ通りにつくらずに半端なアレンジを加えてよく失敗します。「そういうところだぞ」と自分に言い聞かせるのですが、すぐに忘れてまたやってしまいます。

人に言うのは簡単ですが、自分でやるのは難しいものですね。

## ボーッと見ている人

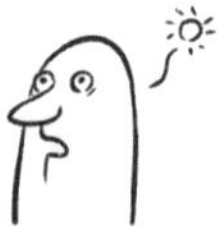

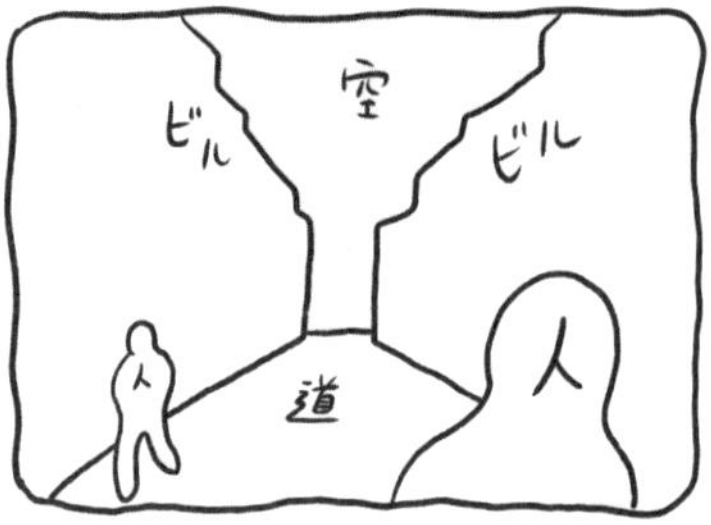


## 見る力の強い人

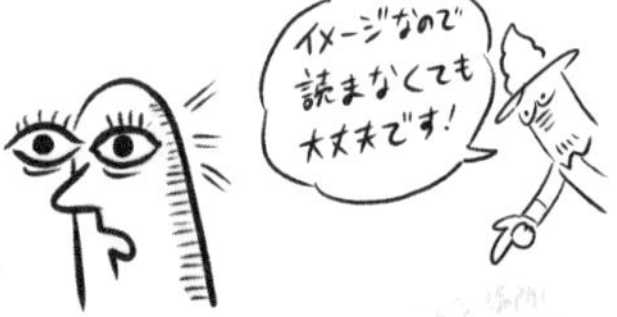


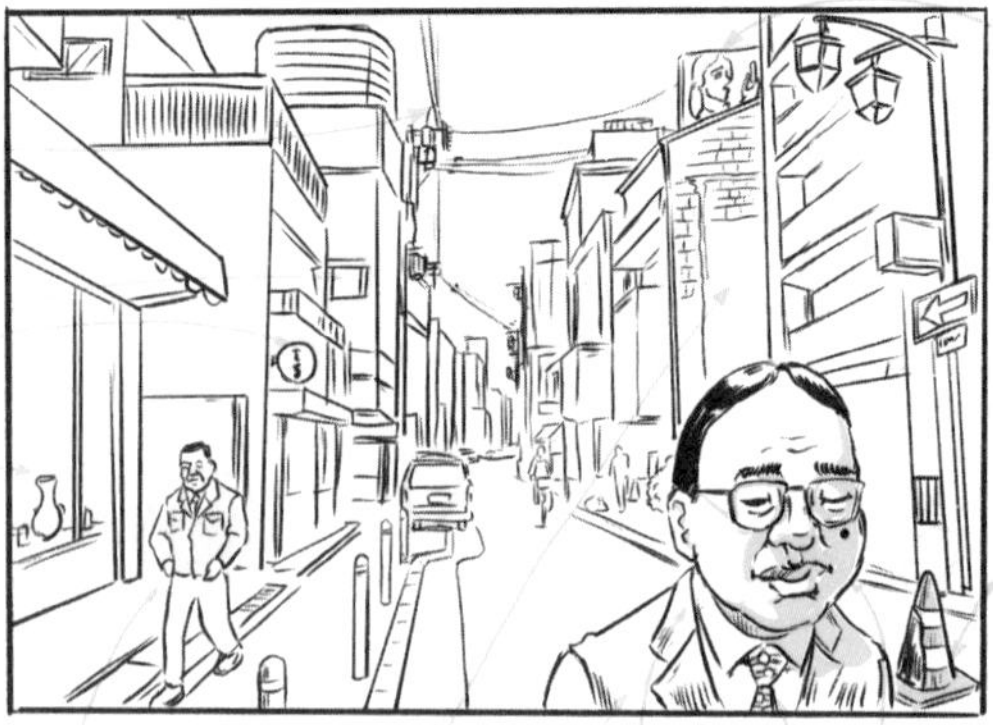

（色々考えているのですが
逆にボーッとしている
ように思われます……）

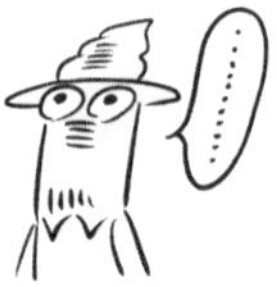

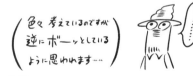

# 13

# 「嫌」と感じるネガティブ思考が、アイデアの種になる。

ものづくりにおいては「好き」というポジティブな気持ちを大事にしたほうがいい、とよく言われます。

でも実は、「嫌い」というネガティブな気持ち、不快感や不満などの感情もアイデアの種になりやすくて、エンターテインメントに昇華しやすいと僕は思っています。

ふだんの生活の中で、「なんか嫌な感じがするな」とか「居心地悪いな」と思う気持ちになったときは、「なんでそう感じるのだろう？」という分析をするチャンスです。そういうネガティブな感情を呼び起こすところにこそ、創作の種が落ちているものです。

僕の仕事も、けっこうな数が「なんか嫌だなぁ」という気持ちをきっかけに生まれています。

たとえば、「マッハバイト」というサービスのＣＭでは、渋谷や新宿のような都会の真ん中を走るアドトラックを題材にしました。

でも、僕は個人的に会社のまわりを走っているアドトラックが流す爆音のテーマソングがうるさくて嫌いでした。そこで、「だったら、僕らは無音の

オメでたい頭でなにより『ガラガラヘビがやってくる』(2022年)


アドトラックを走らせてみよう」というアイデアが生まれました。「昨今のアドトラックの騒音問題を考え、皆様の迷惑にならない宣伝を考えました」というふざけた切り口で、広告をつけたトラックが全国のさまざまな風景の中を無音で走る映像をつくったのです。テーマソングは映像編集の際に、後づけで流しました。

また、ＮＨＫの番組用に制作した『ストップ恋愛！　ゼッタイダメ！』という映像は、官公庁が作る『薬物乱用は「ダメ。ゼッタイ。」』などのチープな映像の世界観を借りて、普通は禁止しないもので乱用防止映像をつくってみたものです。企業のコンプライアンス研修で薬物乱用防止映像をさんざん見せられた、あの退屈な時間がなければ思いつかなかった企画でしょう。「オメでたい頭でなにより」というバンドの『ガラガラヘビがやってくる』のＭＶも、不愉快なスマホ広告をモチーフにしてみようというのが出発点でした。簡単そうなのに絶対にできないパズルだとかのスマホ広告を見せられるたびにイライラしていた気持ちが仕事に昇華できたのです。

『#(笑)動画作ってみた』より「ストップ恋愛! ゼッタイダメ!」(NHK Eテレ、2016年)

自分が不快に思うということは、他にも嫌だと思っている人がたくさんいるということです。そして、「不快」というのは、少なくとも心が動いているということですから、ものづくりのネタやとっかかりとしては格好の材料になるのです。

ただし、気をつけてほしいこともあります。創作の入口はネガティブな感情から出発してもいいですが、最終的にそれをシンプルに真正面から非難するような作品にはしないことが大事だと思います。人の悪感情をいたずらに増幅させるようなものは、個人的にはつくりたくありません。

不快感や不満を感じる対象を種として利用しながら、それを楽しいものに変えていく。そうすることで、見た人のネガティブな感情をおもしろさに変換することを目指しています。

動画をつくった結果、SNSなどで「アレが嫌いだったけど、次見たときにあの動画を思い出して笑ってしまった」と書いてくれているのを見ると嬉しくなります。

そして僕の場合、最初は「嫌い」の対象だったものが、制作に没頭しているうちに「好き」に変わっていくことが多いです。研究しているうちに愛着が湧いてくるのでしょうか。

僕は自分の作品によく昭和ローカルCM的なテイストを使いますが、思えば田舎の少年だった頃の僕は、都会的ではない田舎くさいローカルCMが大嫌いでした。変に耳に残るコマーシャルソングも下品で嫌だと思っていた記憶があります。それが今や、どちらも大好きなのだから不思議議です。

作品に昇華することで、嫌いなものを減らすことができる。そんなありがたい仕事はなかなかないんじゃないでしょうか。

14

# 生活に時間を奪われる状況は、アイデアが降りてくるチャンス。

この仕事を続けて長いこと経ちますが、いまだにアイデアを思いつくことには苦労しています。会社員時代は、毎日深夜遅くまでオフィスに残って粘っていました。でも、どんなに頭を捻《ひね》っても、なかなかいい発想は生まれませんでした。

僕の経験では、アイデアはとにかく集中して調べては考える時間を経て、それをいったん寝かせて頭を他のことに使っているときに、ふと生まれることが多くあります。

調べてみると、どうやらこれは一般的なことらしく、ジェームス・W・ヤングさんという広告業界のレジェンド的な人も、アイデアは、「材料収集」→「材料の消化」→「孵（ふ）化」→「誕生」という過程でつくられると書いています。考えたことを一度寝かせて頭の外へ出してあげることで、ふとしたタイミングでアイデアが生まれるのは世界共通のようです。

しかし僕の場合、この寝かせる時間を意図的につくり出そうとしても、四六時中企画のことが気になってしまって、なかなか忘れることができませんでした。オン・オフの切り替えが上手な人は、集中して考えまくっては、上手いこと息抜きをして、また仕事に戻るということができるのでしょうが、僕にはこれができなかったのです。

机の前でもう少し考えればなにか出てくるのではないか？　今、息抜きなんかしたら最後に時間がなくなってしまうのではないか？　と、結局机から離れられずに、その上たいしたアイデアは出ないまま……なんてことがザラにありました。

切り替え上手になろうとジム通いをはじめてみたものの、結局仕事が忙しくなると時間を惜しんで行かなくなり、ルーティンにできずじまい。散歩中にいいアイデアが生まれたことがあったので、それに味をしめて煮詰まったら会社のまわりをうろうろ歩くようにしてみましたが、それも時間に余裕がないとついサボってしまい、まじめに机に向かってしまう始末でした。

そんな切り替え下手な僕ですが、独立とほぼ同時期に子どもが生まれました。子育てとクリエイティブな仕事を両立できるのだろうか、と非常に不安もありましたが、ことアイデアを生み出すという点だけで言うと、実は子育てとの相性はとても良かったのです。

朝、保育園に子どもを送り届け、夕方迎えに行くまでの7〜8時間が仕事の時間です。日中、必死でいろいろ考えるのですが、やはりそう簡単にはいい発想は生まれません。ああもう時間切れだ！　と嘆き事務所を出て保育園までとぼとぼと歩く。

するとその道中の10分間に、思いもよらない方向からアイデアのきっかけが浮かんでくることがよくあります。そんなときは忘れないように慌ててスマホを取り出してメモします。強制的な意識の切り替えによって刺激が起き、アイデアが生まれるのです。

そして家に帰り、子どもたちにご飯を食べさせたり風呂に入れたりして寝かしつける。そうやって半強制的に仕事から離れている間に、思考の材料をいい感じに寝かせることができているのか、また翌日、事務所に向かう間になにかが浮かぶこともよくあります。

生活というのは、やらなければならないことが多いので、強制的に仕事から頭を離すことができる良いタイミングなんですね。とくに幼い子どもと暮らしていると大忙しで、自然と仕事のことを忘れてしまえる。だから子どものおかげで、仕事と生活のルーティンがうまく回り、結果的に仕事にも良い影響を与えているのかもしれません。

思い返してみると、子どもが生まれる前から、生活のさなかにアイデアが浮かぶことは多かった気がします。にっちもさっちもいかないというときに、そういえば風呂に入ってなかったと思い、えいやと湯船に浸かると、アイデアが湧いてくるのです。

普通の生活を大事にしていると、仕事も上手く回る。誰でも知っていることのような気もしますが、僕は自分が子どもを持つまでそのことに本当に気づけませんでした。若いうちはどうしても無理できてしまうから、生活を後回しにして四六時中仕事に打ち込めてしまう。でも、もっと早くから生活のルーティンを大切にしていたら、もっと効率的にいい仕事ができたのかもしれません。

そんな〝丁寧な暮らし〟的なことを言っていますが、実際は今も掃除はできないし、公共料金の支払いすら遅れるし、そんな生活下手くそ人間な僕なのですが。

# アイデアが浮かぶのは1日のほんのわずかな時間

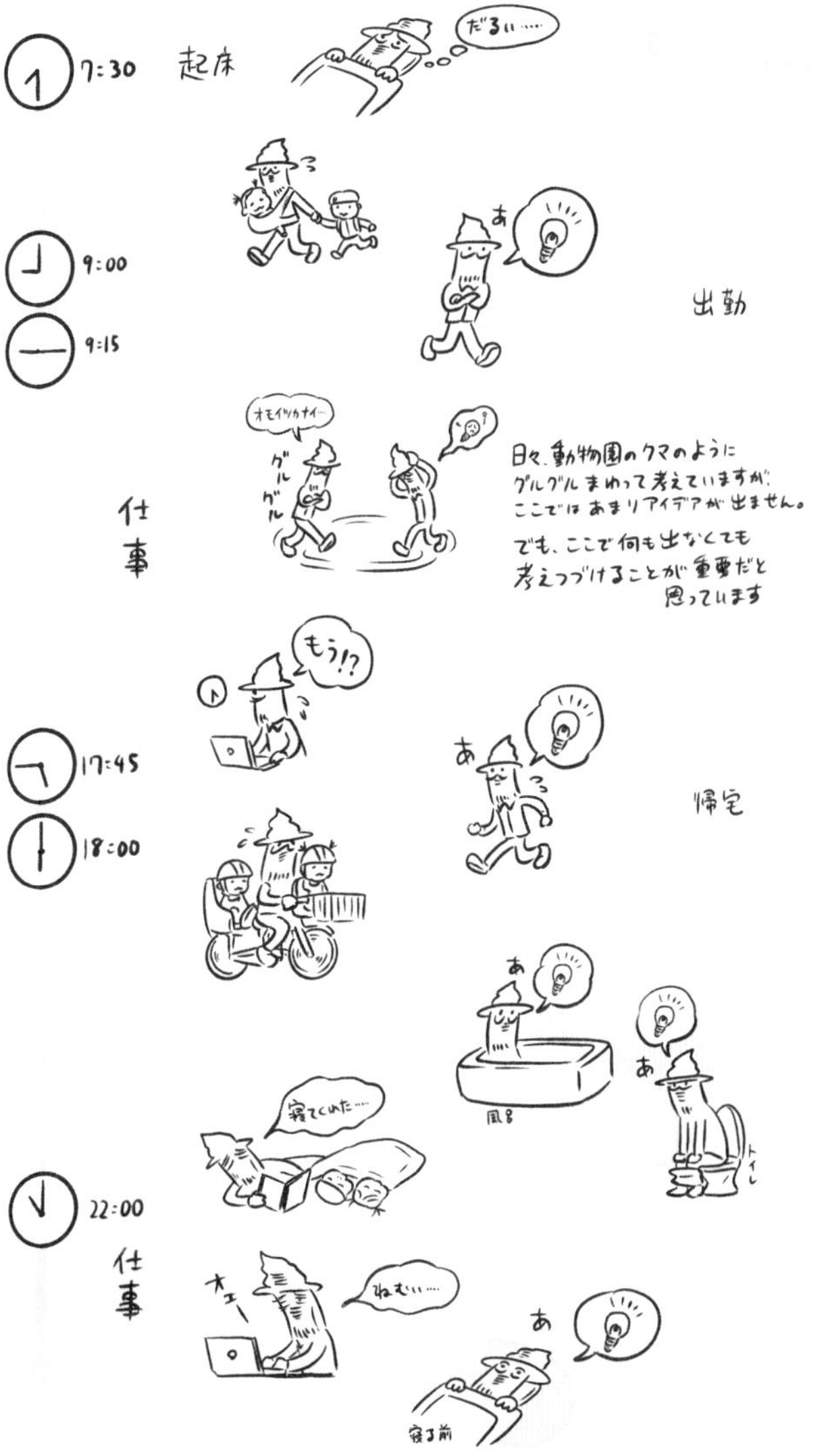
7:30
起床
だるい……
9:00
9:15
あ
出勤
オモイツカナイ…
グルグル
仕事
日々、動物園のクマのように
グルグルまわって考えていますが、
ここではあまりアイデアが出ません。
でも、ここで何も出なくても
考えつづけることが重要だと
思っています
もう!?
17:45
18:00
あ
帰宅
あ
風呂
あ
トイレ
寝てくれた……
22:00
仕事
ねむい……
あ
寝る前

# 15

# 正解よりも〝つくるに値する不正解〟を探す。

ずーっとアイデアを考えていて、なかなか生まれないとき、いつまでもゴールが見えない迷路を歩いているようで、どんどん不安になります。
そんなとき、自分を助けてくれるように感じてしまうのが〝正しさ〟です。

この企画がおもしろいかどうかはわからないけれど、クライアントのオーダーには応えられている、言うべき要素は言えている、予算には収まっている、流行りの要素も入っている、企画として成立している……そんな〝正しさ〟に頼りたくなってしまうのです。

でも、そんな正解が本当に正解なのか？　と僕は思ってしまいます。
確かにビジネスとしては、迷うことなく大正解なのかもしれません。しかし、誰からも文句の出ないアイデアということは、カドの取れたおもしろくないものになっているのではないでしょうか？　みんながなんとなく正解だと思うものは、みんながなんとなく見たことのある、既視感にあふれたアイデアになっていないでしょうか？

だからこそ、僕としては、正解よりも〝つくるに値する不正解〟を探すようにしています。

それは実は、正解を探すよりも困難な道です。アイデアが生まれるまでも大変ですが、その不正解なアイデアを見つけてからがより大変なのです。

なんといっても正解ではないのですから、クライアントからスタッフまで、説得しなければならないことが山ほどあります。その過程で、自分の自信もどんどん揺らいでいくかもしれません。

でも、〝正しさ〟だけでは説明できない、なにかわからないところにこそ魅力が生まれるのではないかと僕は思います。ＡＩでつくったすべてが整った顔よりも、どこかクセのある顔のほうが魅力的であるように。

最近では、ＣＭはぜんぶわかるようにつくらないといけないという風潮がありますが、それも理屈の正しさを求める圧力からかもしれません。

たまに昔のＣＭを観ると、わけのわからない要素がたくさん入っています。でも、それこそがグッとくるところだったりするのです。

# 藤井亮の
# クリエイティブの原点

**子どもの頃に好きだったもの、影響を受けたカルチャー、憧れのクリエイターなど、藤井亮のクリエイティブの原体験となったものは？**

## 小学生男子的なものすべて

子ども時代に好きだったのは、キン消し、ガンプラ、ミニ四駆、ゲームボーイ、バーコードバトラー……原体験と言われても、当時の小学生男子たちがみんなハマっていたものばかり。美大に進むまでアート的な素養はまったくありませんでした。

ただ、覚えているのは、おもちゃをあまり買ってもらえなかったから、自分で油粘土をこねてロボットや怪獣をつくっていたこと。ビックリマンシールも自分で大きな紙に描いて、友達に本物と交換してもらったりしていました。欲しいものは自前でどうにかしようというクラフト精神はその頃からあったんでしょうね。

僕のつくるものは、『TAROMAN』にしろ、日本建設工業のCMシリーズにしろ、子どもの頃に買ってもらえなかったものを、大人になってから大規模につくり直しているようなところがあるのかもしれません。小学生男子的なものと、美大で勉強したものがかけ合わさって、今の僕の作風はつくられていると言えそうです。

子ども時代は、一つ年上のいとこのほうがあらゆるサブカルチャーに精通していて、僕自身、彼からおもしろい漫画や音楽、映画をいろいろ教えてもらいました。クリエイターになるのはきっと彼のような人なんだろうなと思っていましたが、たくさんのことを知っているからこそ、創作に対する躊躇や恐れがあることも今はわかります。僕が今いろいろとつくることができるのは、ほどほどに無知だったおかげかもしれません。

## 大学でハマった実験映像作家

それまで映像といえばテレビか映画しか知らなかった僕にとって、美大の授業で知った実験的な映像作家たちには大きな影響を受けました。

ノーマン・マクラレンというアニメーション作家は、人間をコマ撮りにしたアニメーションや、フィルムに直接傷をつけてつくる映像など、実験映像ばかりつくっていた人。ストーリーを描くだけではなく、映像の仕組みや構造そのもので遊ぶことのおもしろさに目覚めさせてくれた人です。

ヤン・シュヴァンクマイエルはクレイアニメーション作家ですが、指の跡が生々しく残っているような、手づくり感のあるちょっと不気味なクレイアニメをつくる人。

それまではＮＨＫでやっているようなかわいいクレイアニメしか知らなかったので、コマ撮りでこんな違和感や異物感を与えられるのかと、そのつくり込み方に影響を受けました。

ノーマン・マクラレンからは「構造」を、ヤン・シュヴァンクマイエルからは「ディテール」を学びました。

左／ DVD『ノーマン・マクラレン 傑作選』NBC ユニバーサル・エンターテイメントジャパン、2009年、3,800円+税　右／ DVD『ヤン・シュヴァンクマイエル 短篇集』日本コロムビア、2005年、絶版

## 広告映像に興味を持ったきっかけ

中学生の頃、原始人がマンモスを追いかけるカップヌードルの「Hungry?」というCMシリーズを見た記憶が、「広告って人がつくってるものなんだ」とクリエイターの存在を意識した最初だった気がします。

このCMを手がけたのが大貫卓也さん。美大に入って彼の講義を受けて、としまえんの『史上最低の遊園地』や、ペプシコーラの『ペプシマン』など、彼のCM作品をたくさん見ました。それまでCMはつまらないものだという認識でいたので、「おもしろいものをつくっていいんだ！」とひどく感激したのを覚えています。それが、広告業界に興味を持ったきっかけでした。

当時はまだYouTubeもなかったし、おもしろい映像をつくろうと思ったら映画かテレビかCMしか選択肢がなかった時代なので、僕はまんまと広告業界の門を叩いたというわけです。

大貫さんとは講義以外でまったく面識はないのですが、考えてみると僕をこの世界に引き込んだ張本人なのかもしれません。

書籍『新装版 Advertising is TAKUYA ONUKI Advertising Works（1980-2020）』CCCメディアハウス、2022年、11,000円+税

# 第三章　ネガティブ企画術

# 16

# 無責任にはじめて、ネガティブで突き詰める。

アイデアは子どものように自由な発想で無責任に考えて、実行の段階で大人のネガティブな目線をもって突き詰めていく。それがいちばんの理想だと思っています。

子どものような発想といっても、別になんにでもウンチを出そうとかそういうことではありません。アイデアを考えるとき、どうしても大人は「役に立つこと」「効率のいいこと」みたいな「社会」を主役にして、「自分」を蚊帳の外に出すような考え方をしてしまいます。自分を勘定に入れるのは恥ずかしいとでも言わんばかりです。

でも、アイデアの根っこはもっとずっと自分本位で良いのだと僕は考えています。子どもの頃の自分がワクワクしてくれそうなもの。まずはそこを見つけ出すことがいちばんです。

それはたとえ広告でも同じ。そのワクワクが伝播《でんぱ》することで、企業や商品も魅力的に映るのではないでしょうか。

自分を楽しませようとする気のない制作物は魅力的には見えません。僕自身、広告代理店にいた頃、自分を出すなんて格好悪いと思っていた時期がありました。その頃つくっていたものは、体裁だけは整っているのですが、なんとも薄っぺらいものでした。

まず僕自身が、このくだらない、バカバカしい試みが形になったものを見てみたい。その気持ちを常に忘れないようにしたいと思っています。

そんなアイデアの根っこを生み出すには、ただひたすら、ずーっと考え続けるしかありません。

こんな本を書きながら言うのもなんですが、この手の企画術の本に書いてありそうなことは、やってもやらなくても別にいいと思います。僕自身、アイデアが出ないときに藁《わら》にもすがる思いでマインドマップ的なものやら、あれやこれやを試したことはあるのですが、今も続けてやっているような手法は一つもありません。

結局は、子どものような「あ！　いいこと思いついた！」を待っているようなやり方しかないのです。

そんな雑な「思いついた！」は、とりあえず子どもの落書きのようなものでもいいので、一度文章なり絵コンテなりの形にしてみます。頭の中でふんわりと想像しているうちは、可能性が無限にありそうな気もするし、ぜんぜんダメな気もするものですが、いったん頭の中から切り離すことで、現実的な問題点が見えてくるのです。

だいたいが、自分が思っていたより大したことのないものに見えてしまうのが悲しいですが、そこがようやくスタート地点です。

そんなふうにずーっと考えて、ようやく最初の一歩を踏みだせたあとにやることといえば、またずーっと考えることです。

具体的には、思いついたアイデアの根っこに、ストーリーや設定をどんどん足して伸ばしていきます。今度は子どもの目線だけではなく、もっと大人のネガティブな目線も入れていくのです。

「そもそもこれって実現可能なのか？　どうつくるんだ？」

「現実的に効果はあるのか？」

「世の中の人はどう見るのか？」

煮つまるとよく壁にめりこんでいます
あ～ もうだめだ～
どうします？
ほっときましょう

「もうちょっと良いアイデアはないのか？（ふりだしに戻る）」

そんなことをしていると、そのうちしんどくなってきて「もうこれで良くない？」という妥協の気持ちがムクムクと湧き上がってきます。

でも、そんなときこそネガティブ思考の力を借りましょう。

「こんなものを世の中に出していいのか？」

「本当にこれでおもしろくなるのか？」

そうネガティブに考えることで、妥協したい気持ちをなんとか踏みとどまらせてアイデアを突き詰めることができます。

子どもの発想で思いついたアイデアを形にするためには、本当にこれでいいのだろうかという大人のネガティブな目線で、締め切りがくるまでずーっと考え続けるしかないのです。

## 17 アイデアに煮詰まったら、「いちばんつまらない案」を考える。

企画やアイデアに関する仕事術の本を今まさに書いているくせに、僕はすぐにアイデアに煮詰まります。事務所で動物園のオリの中のクマのようにウロウロして「あ〜」とか「う〜」とか言葉にならない声を出して苦しんでいることもしばしばです。

でも、やっぱりどうにもならないときはあります。そんなときに、僕が日頃からとりあえずやってみていることをいくつか紹介しましょう。

一つは、あえて「いちばんつまらないアイデアを考えてみる」ことです。まずは自分が考えうる限りの、いちばんベタでありがちなアイデアを考えてみるのです。「こんなつまらないものは絶対につくりたくない！」と思うようなもので構いません。少しでもおもしろくしようとする気持ちを完全に放棄して考えます。

いざ「つまらなくていいや」と思ってしまえば、どんなにひどいものでもいったん形にはなります。たとえばCMの場合、マストで言わなければいけない必要な情報を、どうすれば上手におもしろく入れることができるかで頭を悩ませることが多いのですが、「そのままナレーションで入れればいいや」

ラブリコ CM『暗黒帝国アジャスター』
(2023年)
画像提供:平安伸銅工業

「テロップでのせればいいや」と考えることを放棄すれば、作業はスイスイ進みます。そんなつまらないアイデアを、一度ちゃんと絵コンテなりの形にしてみるのです。

そうしてできた絵コンテを眺めていると、「さすがにこれはひどいな」という気持ちとともに、「せめてここはこうしたらマシなのでは?」というふうに、〝自分だったらこうしたい〟というアイデアがふつふつと浮かんできます。そうやってアレコレ直しているうちに、気がつけば割と良い企画になっていることもあるのです。

また、そうやってあえてつくったつまらない企画は、つまらなくはありますが、言うべきことはすべて入っています。なので、そのベタすぎる企画をあえてそのまま、おかしなシチュエーションに置き換えてやってみるとおもしろくなることもあります。平安伸銅工業の「ラブリコ」というDIYグッズの広告では、ありがちな組み立て説明ビデオを、シチュエーションのみ〝悪の秘密組織〟に変更することで見え方を新鮮にし、他社との差別化を狙いました。

二つ目は、「あの人だったらどう考えるか？」と発想してみることです。あの著名なクリエイターだったら、あの監督だったら、このお題にどんなアイデアを出してくるだろう？　という想定で考えてみるのです。自分のアイデアだという責任感を外して、無責任にゲーム感覚で考えてみましょう。

「タランティーノ監督だったら、まず商品と関係ない会話がさんざん繰り広げられて……」とか、「ジョン・ウー監督だったら、まずは商品を背景に白い鳩が飛ぶな、そしてスローモーションで……」とか、そんな感じです。

先輩のAさんだったら、とよく知っている人の思考パターンを想像してみるのも良いですし、あるいは小林製薬のCMだったら、とか、ディズニーランドのアトラクションの映像だったら……など、既存のフォーマットにどんどん当てはめていくのも良いかもしれません。

そうやって無責任に考えているうちに、意外と使えるアイデアが浮かんでくることもあるから不思議なものです。

もちろん、「アイデアの教科書」的な本に載っているような「逆転させてみる」「スケールを大きくしてみる／小さくしてみる」「要素を変えてみる」「入れ替えてみる」「数を増やしてみる」「組み合わせてみる」といった、みなさんご存知の方法もさんざん試して、使ったこともあります。

でも、こうしたアイデアのフレームワークみたいなものは、やはり〝アイデアの出し方を参考にしたアイデア〟みたいなものになりがちだなあ、とも思ってしまいます。「パターン化されないアイデアのパターン」というのがそもそも矛盾しているようで、なかなか難しいところではありますが。

# 18 視野の狭いクリエイティブが広い世界につながる。

映像、とくに広告をつくるうえでマーケティングは避けられません。年齢層や性別といった属性で分けて、どの層をターゲットにして広告を当てていくかは常に議論になります。

でも、正直なことをいうと「20代女性のライフステージを想定した女性像」みたいな、マーケティングの資料に出てくるような人間なんて存在しないのではないかと思います。

自分の同級生を思い出してみても、ライフステージも個性も好みもみんなバラバラ。自分を含めて全員が同じ「40代男性」のマーケティングに入れられるのは、腑に落ちない気持ちになりませんか？

そんなふんわりしたターゲット層を狙っても、刺さるものはなかなか生まれません。100人のうち60人にうっすら届く作品よりも、1人か2人にしっかりと強く刺さるようなもののほうがぜったいに良いと思います。

たとえ全人口の1％だとしても、日本でいえば100万人を超える数です。その人たちが強い熱量で「おもしろい！」「これは自分のためにつくられたものだ！」と反応してくれれば、今まで興味を持ってくれなかった人にも届くかもしれません。

だから、散弾銃のように大勢に当たるように放つよりも、ライフルのスコープをのぞき、たった一人のターゲットを狙い撃ちするようにつくるべきなのです。

では、どうやってその〝たった一人〟のターゲットを見つければいいのでしょうか。根本的なところでは、「自分」で良いと思っています。僕はすべての制作物を10代の頃の、パッとしない田舎の冴えない男子であった自分に向けてつくっているふしがあります。彼がどんなものに興奮して笑って、元気になってくれるかを。

とはいえ、それだけではイメージが膨らみきらないときもあります。たとえばクライアントから「ウチの商品は30代~40代の男性が購買層です」と言われたとき、ぼんやりとその年代の男性をイメージしても、ピンときませんよね。そんなときは、「大学の同級生のアイツ」とか、誰か特定の人物を思い浮かべましょう。そして、その一人に向けて全力でつくるのです。

もし可能であれば、その特定の人物に実際にアイデアを話してみたり、絵コンテを見てもらったりしてもいいかもしれません。もらったフィードバックを元にブラッシュアップすれば、そのクリエイティブはさらにリアルで濃密なものになると思います。

とにかく、ぼんやりと想定されている存在しないターゲットよりも、顔の見える具体的な誰かにウケることを想像するのが大切です。

僕が『ＴＡＲＯＭＡＮ』をつくったときは、岡本太郎作品を若い人にも知ってほしいということもあり、当時4歳だった自分の息子が喜びそうな作品とはなんだろう？　ということを考えました。

テレビで特撮番組がはじまると、息子は人間ドラマにはまったく興味を示さず、戦闘シーンだけを熱心に見ていました。それならばと、ドラマパートを極端に減らして、ほぼ特撮シーンだけで構成することにしたのです。

結果、息子も楽しんでくれて安心したし、子どもたちをはじめ少なくない人に届いた実感もありました。

サノヤス・ヒシノ明昌（現・新来島サノヤス造船）CM『造船番長』シリーズ（2010年）
画像提供：サノヤスホールディングス

とはいえ、具体的なターゲットが浮かばないときもあります。その場合は、一緒に仕事をしているスタッフにウケるためにはどうしたらいいか考えることもあります。

サノヤス・ヒシノ明昌（現・新来島サノヤス造船）のテレビCM『造船番長』の現場では、アニメーション制作を手伝ってくれた大学時代の同級生・田中紫紋に対して、次はどんなカットを送ったら彼はウケるだろうか、と考えながら絵コンテを描いてはメールで送りつけ、反応を見ながら制作しました。

結果的に、地方のローカルCMがカンヌ国際広告祭PR部門で銀賞を受賞することができたので、こんな方法も時には有効かもしれません。

# 19 難しい仕事こそ「変な土台」をつくるように心がける。

難しいクライアントを担当していると、いろいろと変なアイデアを出しても、どうせ通らないんでしょう？　とネガティブな気持ちになると思います。僕自身、若い頃はそんなふうに、ふてくされて企画を投げ出したくなる気持ちによくなりました。いや、今でもあります。

僕のつくるものは、いわゆるおもしろ系映像がほとんどなので、よく「クライアントからふざけすぎていると企画を却下されたり、途中でひっくり返されることはないのですか？」と聞かれることがあります。しかし、意外なほどクライアントとそうなったことは実はほとんどありません。

それは、土台となる世界観を最初にしっかりと決め込んでクライアントに了承を取っておき、その世界観の枠組みの中で遊ぶ／ふざけるようにしているからなのです。土台、世界観、フォーマット、フレームなど、いろいろな言い方はありますが、すべて同じことです。

僕自身がディテールにこだわるタイプでもあるので誤解されやすいのですが、僕は決して企画の枝葉の部分だけでふざけているのではありません。企画の軸やフレームとなる世界観づくりに、いちばん時間をかけて悩むようにしています。

なぜなら、土台となる世界観さえ変なものにしておけば、あとはどんなにまじめなことをしても、極端なことを言えば、ただの日常を描くだけでおもしろくなるからです。


若い頃は僕も、まじめでお堅いクライアントの目をいかにすり抜けておもしろいことをするか、という考えの持ち主でした。上司から、「企画の軸はクライアントの言いなりにして、ディテールでおもしろくすればいいじゃん」と言われたこともあります。

しかし、企画の土台がおもしろくないと、ディテールでかなり無茶をしないとおもしろくなりません。そして、そうやって無茶したものはクライアントが嫌がってNGを出す……という悪循環に陥ることが多いのです。

ディテールや枝葉の部分でおもしろく見せかけたような企画は、そこにNGを出されたらおもしろさの根幹が揺らいでしまうため、まったく別の代替案を出さなければいけません。ところが、土台となる変な世界観ありきで企

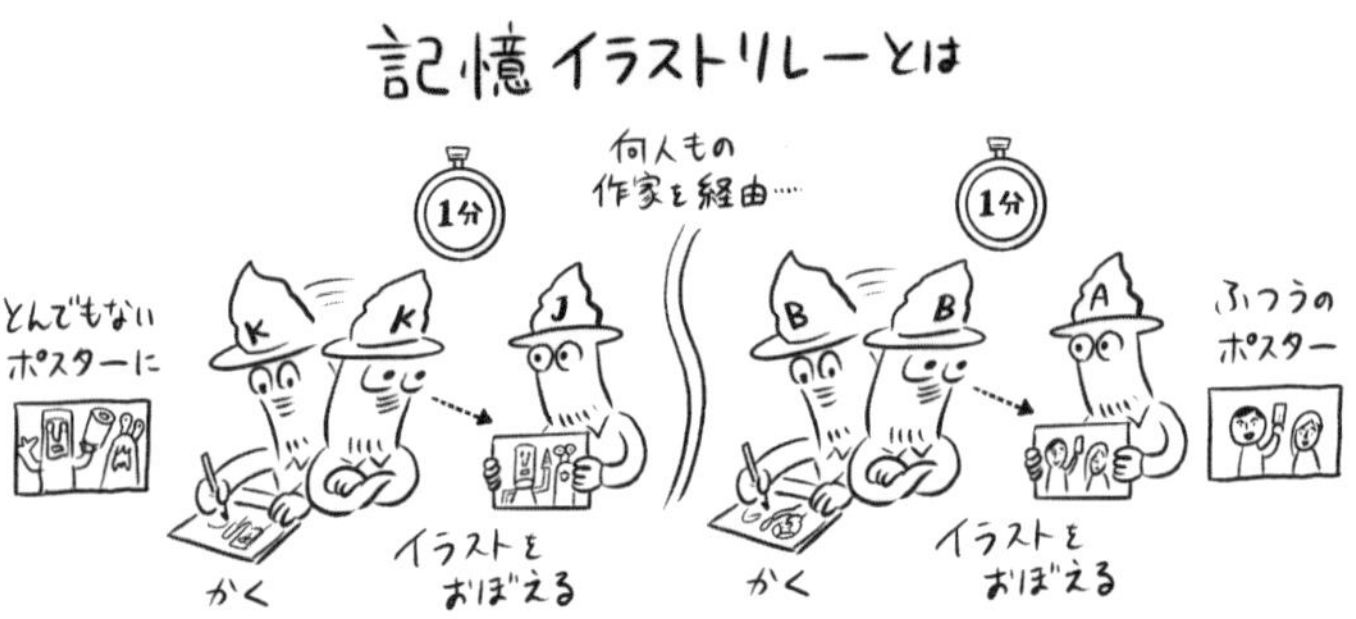
記憶イラストリレーとは
ふつうのポスター
1分
イラストをおぼえる
かく
何人もの作家を経由……
1分
イラストをおぼえる
かく
とんでもないポスターに

画を通しておくと、ディテールで一つNGが出ても、いくらでも替えが利きます。

実は、難しいクライアントや、ややこしい案件のときほど、まずは変な土台をつくり込んで、そこに了解を得ておいたほうが話が進みやすいのです。

以前、関西の交通系ICカード「PiTaPa」の広告で、『記憶イラストリレー』という企画を行ったことがあります。駅貼りポスターのグラフィック広告を、作家から作家へのイラストによる伝言ゲームで行い、どこまでポスターの元絵を維持できるかに挑戦するというものでした。

しりあがり寿さんや、森田まさのりさん、寺田克也さんなど錚々《そうそう》たる漫画家・イラストレーターに参加していただきましたが、もちろん途中で本来の広告意図とは大きくかけ離れたイラストになってしまいます。本来、電鉄系の企業は表現にはとても厳しいのですが、『記憶イラストリレー』はそういうルールなのだから仕方ない、ということで企画を最後まで通すことができました。

つまり、世界観とは言い換えるなら自分が楽しめる遊びのルールのこと。「今回はこんな変な土台をつくったので、この枠内で遊びますよ」というルールさえ決めておけば、その世界観の中であればあんなこともできる、こんなこともできる、というアイデアが次々と出てくるのです。

もちろん、変な土台などつくらずに、日常の機微だけでおもしろさを生み出すことができるクリエイターもいますが、そういう人に対しては尊敬しかありません。

# 世界を変にしておこう

変な土台
ふつうの土台
ネギ人間の世界
ふつうの世界

インパクトを出そうとすると……
ズズ……
バァ〜!
ネギ人間の世界
ふつうの世界

なんでもないことをしていても
ベースの世界が変だとそれだけで
面白さがうまれる

この世界でネギ人間はどんな生活を
しているのか…?

いろいろ想像することで、
どんどんディテールがましていく

面白くするために無理を
しなければいけない

過激になればなるほど、
クライアントや出演者、TV局など
各所からNGが出る危険も高く……

TAROMAN
→歴史に埋もれた、70年代の岡本太郎作品の
特撮番組の世界

カプセルトイの歴史
→架空の国のガチャのドキュメンタリー番組
みたいな……

# 20 違和感や異物感などのネガティブな感覚で人をつかむ。

僕がこれまでたくさん手がけてきた広告映像というのは、多くの人に観てもらってナンボの仕事です。なので、最初のツカミをいかに早くするかが命とされています。理想は最初の3秒で「なんだこれ？」と思わせること。その後も、数秒おきに「なんだこれ？」と思わせて、観続けさせなくてはいけないというのがセオリーです。

そのために重要なのが、見る者に違和感や異物感を抱かせることです。インパクトを狙うCMやMVの多くは、最初のツカミになんらかの違和感や異物感を与えるようにできています。

しかし、昨今はTikTokなどのショート動画全盛の時代。アーティストの楽曲も前奏がなくなっていきなりサビはじまりの曲が増えているといいます。そうしないと、すぐに別の曲に飛ばされてしまうからです。

その点、映像はセリフでおもしろがらせたり絵でオチをつけたりしようとしても、意味を理解してもらうのにどんなに短くても数秒はかかってしまいます。今の時代、数秒かかっていてはもう遅いのかもしれません。

Ⓐ

Ⓑ

そこで僕がよく使うのは、映像のルックそのものを他と変えてしまうことです。現代のハイビジョンの16：9の画角ではなく、たとえば昭和の4：3のブラウン管の荒れた画質や、テレビゲームやモノクロフィルムなど、そもそもの映像の質感自体を変えることで、最初の1秒から「なんだこれ？」という違和感や異物感を与えることができます。

さらに詳しく言うと、その違和感は「どこかで見たことあるレベルの違和感」という、ちょうどいい塩梅《あんばい》を狙うのが重要です。

仮に、まったく見たことのないめちゃくちゃなノイズだらけの映像をツカミにしたとして、インパクトは与えられるかもしれませんが、それは見る人にとって単に「気持ちの悪い映像」というカテゴリに放り込まれてしまうだけ。きっと見続けることを拒絶されてしまうでしょう。

僕の場合は、懐かしさや親しみやすさといった要素を盛り込むことで、〝見たことある〟絶妙な違和感を目指すようにしています。滋賀県の『石田三成CM』では、制作した映像をいったんVHSテープに録画して、それを

Ⓒ

Ⓐ滋賀県 CM『石田三成 CM』(2017 年)
滋賀県
Ⓑ日本建設工業 CM『星のタービン』(2019 年)
画像提供：日本建設工業株式会社
Ⓒ日本建設工業 CM『未来戦士エナジー4』(2023 年)
画像提供：日本建設工業株式会社

再度編集機に戻すことで、リアルな昭和のローカル風の映像にしました。ハイビジョン映像の世界に、突然ビデオ画質の映像が流れることで、違和感を与えようとしたのです。

また『日本建設工業ＣＭ』のシリーズは、第一弾を１９６０年代のモノクロアニメのルック、第二弾を１９７０年代のアニメのルック、第三弾を今はめったに見ない特撮人形劇の世界で制作することで、初見での強い印象づけを狙いました。

これは映像に限らず、企画書の最初の１行でも、プレゼンの冒頭でも使える考え方です。まず最初の３秒で人を引き込むことを考えてみてください。

# 21 予算がないネガティブはユーモアが味方になる。

僕がおもしろ系の映像にこだわるのは、もちろんそういうものが好きだからというのが最大の理由ですが、東京よりも低予算になることが多い関西の広告業界で長年経験を積んできたから、ということも大きいです。

というのも、経験上、映像で感動させたり泣かせたりするには、感情移入させるために映像のリッチさ、感動を生み出すためのシチュエーションや照明や撮影機材、そして尺の積み重ねが必要であり、どうしても予算の低さはマイナスに転ぶことのほうが多いからです。カッコよさやおしゃれさに関しても同様です。

一方で、おもしろ系は数十秒〜数分で十分効果的な映像がつくれるし、予算が低くてもその安っぽさを逆手にとって笑いにできる側面があります。予算がないときほど、おもしろ系のほうがコスパ良くクオリティを高められるのです。ＣＭなどを流す媒体費においても、少ない出稿量で記憶に残すことができます。

たとえば、『ＴＡＲＯＭＡＮ』は外でロケをするほど予算がなかったので、

滋賀県 CM『石田三成 CM』
（2017年）滋賀県

特撮ではない人物パートもすべて昔の写真やミニチュアを背景に合成して撮影したのですが、それがかえって味となり、印象的な70年代感を出すことができました。

これで中途半端に予算があったら、中途半端な規模のセットを組んでしまったり、限られた現存する昭和風のロケーションで無理やりロケをしようとしたりして、同じところばかりが舞台になった狭い世界観の映像になってしまっていただろうと思います。

現存しない古い写真やミニチュアを背景にすることで、虚構の世界観をより強く押し出すことができたのです。

思い返せば、滋賀県の『石田三成CM』のときは、撮影場所が映像用ではなくて、武将の鎧などを着て記念撮影するフォトスタジオでした。映像を撮影するにはあまりに狭かったので、開き直って合成用のブルーバックの布を支えている柱をそのまま映したら、逆にそれが昭和のローカルCM感を醸し出し、おもしろさに繋がったということがありました。

なまじ予算があると、リッチな絵で点数を上げられるので、絵をリッチにすることが目的になってしまいがちです。すると撮れた時点で安心してしまい、なんとか点数を上げようとする工夫をしなくなる、ということが起きます。さらには予算が増えて、多くの人数が関わるほどに、気軽にあれこれ試行錯誤する余地がどんどん減っていきます。現場の思いつきでちょっとアングルを変えようとするにも大騒ぎになってしまうのです。

むしろ制作の条件が悪いときのほうが、その状況を打開しようとおもしろいアイデアが生まれやすくなります。逆境を活かしやすいという意味でも、おもしろ系の企画には強度があるのだと思います。

# 22 おもしろいは理屈ではわからないけれど考え続ける。

おもしろいとはなにか？　どうしたら笑えるようなものがつくれるのか？　いまだによくわかりません。お笑い番組などを熱心に見てこなかった自分のような人間が、おもしろ映像などをつくっていて大丈夫なのか、日々不安になります。

芸人さんの世界ではよく、おもしろさの構造とは「緊張と緩和」だと言われています。緊張した状態から解放されることで笑いが生まれるという理屈です。

おもしろさに緊張なんか必要なのかな？　と僕はいまいちその理屈を理解しきれずにいましたが、子どもが生まれてようやくそれを肌で実感する機会を得ました。「いないいないばぁ」です。

「いないいないない」で親が視界から消えることによっての緊張。「ばぁ」で親が現れることでの緩和。確かにこれで子どもは笑うのです。いきなり「ばぁ」だけでは緊張が生まれないから明らかに反応が薄い。「いないいないない」だと不安そうな顔をするだけ。

「ばぁ」の言い方や、「いないいないない」の溜めとタイミング。その日の赤ち

滋賀県 CM『ニュートンに学ぶ、これからの滋賀ノーマル』(2021年)
滋賀県

ゃんのコンディションの把握。こういった細かいテクニックの積み重ねで「いないいないばぁ」が成り立っていることを体で理解し、芸人さんのすごさが一万分の一でもわかった気がしました。

ちなみに、赤ちゃんも慣れてくると、「ばぁ」にいかずに「いないいない」をしつこく続けることで笑ってくれたりします。赤ちゃんが「裏切りの笑い」を発見した瞬間です。人類の笑いの進化を目の当たりにしたようで感動しました。

僕の仕事の場合、テレビCMでは尺が短く溜めをつくることが難しいので、「緊張」なしにいきなり異物をぶつけることが多いのですが、尺の長いWEB動画では「緊張と緩和」に近いやり方をすることもあります。冒頭はまじめな映像のフリをするというやり方です。

ホンダカーズのPR動画では、マジメな地域のドキュメンタリー番組が始まったと思いきや、「車鎮祭」という存在しないめちゃくちゃな祭りのフェイクドキュメンタリーだった、という構造をとりました。

また、滋賀県のコロナ禍における新しい日常の啓発動画では、「ニュート

『テクネ 映像の教室』より「サウンドロゴしりとり」（NHK Eテレ、2017年）


ンはペストによる休校中に落下するリンゴを見て万有引力を発見した」というまじめな話からスタートして、「それならあなたは落下する鮒《ふな》寿司を見てなにを発見しますか?」というめちゃくちゃな理論をあれこれ展開しはじめる、という動画をつくりました（なにを言っているのか文章ではさっぱりわからないと思うので、詳しくは動画を見てみてください）。

これは、冒頭から「これはおもしろ映像ですよ」という顔ではじめてしまうと、見る人のハードルが上がってしまうので、最初はまじめな雰囲気から入ろうという狙いでつくったものですが、これもいわゆる「緊張と緩和」と言えるでしょう。

僕自身が、意識的に多用しているおもしろさの構造は、いちばんシンプルですが「ズレ」です。みんなが「こういうものだ」と思っている常識からあえてズラしたものを出し、そのギャップでおもしろくするというものです。

NHKの『テクネ　映像の教室』という番組用につくった『サウンドロゴしりとり』という映像は、ほとんどこのズレだけを肝に制作しました。

ベースの構造として、ぜったいにサウンドロゴをつくらないような単語ばかりでサウンドロゴをつくるというギャップ。そして一つ一つの言葉も、たとえば元素記号の「イッテルビウム」という言葉に、ガンダムのようなロボットアニメ風の文字デザインとサウンドロゴをのせるというズレ・ギャップをつくっていきました。

このときに大事なのがズレの距離感で、近すぎてもおもしろくないし、遠すぎても意味がわからない。字面や語感などに若干のリンクを感じるくらいを意識しています。

# 23
# 自分の好きを分解して自分なりの表現を生みだす。

僕がどのように思いつきやアイデアを企画に結びつけているか、ここでは具体的な例をあげてみたいと思います。

以前、不思議な動物の絵を見てとてもおもしろいと思ったことがあります。中世ヨーロッパの画家たちが描いたゾウやワニの絵です。本物のゾウとは、部分的には合っているのですが全体の印象としてはまったく違う。しかし決して下手というわけではありません。

なんだかすごく魅力的な絵だなと思い、詳細を調べてみると、それは当時の画家たちが想像や伝聞で描いた絵だということがわかりました。写真のない時代、見たことのない動物を描くには、人から聞いた話や書物で得た情報から想像力を駆使していたわけです。

この絵に僕はとても魅力を感じました。そして、この感じをなにかおもしろい映像にできないかと考えました。そこで思いついたことは、

言葉、伝聞だけで想像して描いた絵はとても魅力的である
↓
言葉、伝聞だけで想像したキャラクターをつくって映像にしたら、おもしろいのではないか？

ということです。至って単純な発想です。

とはいえ、それをそのままやっても、ただ脈絡のない気持ちの悪い生き物が動いているむちゃくちゃな映像になってしまい、見る人の興味を引けないと思いました。

それなら、みんなが知っている世界をベースにすることで、元の物語とのズレによっておかしみを引き起こせるのではないか？　では、そのベースはなにがいいだろうか？　たとえば……昔話？

そんな思考の流れから生まれたのが、『プロファイリング昔話～さるかに合戦～』という映像です。物語はそのままに、さるかに合戦のキャラクターを、辞書にあるような堅苦しい説明文だけを手がかりに想像で描いたものに

置き換えたのです。

たとえばカニは、「箱形の頭胸部を覆う硬い甲羅」「五対の脚、一対ははさみ脚」「体色は黒紫色や茶褐色、青灰色」「柄のついた眼と、扉のように開閉する口」といった情報だけをもとにキャラクター化していきます。

すると、どのキャラクターもチグハグで、なんともいえないクリーチャーとなり、ただのさるかに合戦がクセの強い謎映像に生まれ変わりました。

言葉だけで指示したものを映像化するというのは、ＡＩの画像生成が一般化した今では、誰でもつくれる表現になっているかもしれません。

しかし、これはあくまで一例。常日頃、気になるものに出会ったら、そのおもしろさがどこからくるのかを分解してみて、そこから自分なりの表現をつくってみてはどうでしょう。自分でも思いもよらない仕上がりになることもあるのでおすすめです。

## 中世の人が想像して描いた動物の絵

ゾウ

ワニ

スキ!

## 言葉、伝聞だけで想像した絵は魅力的である

箱形の
頭胸部を
覆う
硬い甲羅。
五対の脚。
一対は
はさみ脚。
体色は
黒紫色や
茶褐色
青灰色。
柄のついた
眼と、
扉のように
開閉する口。

プロファイリング昔話
さるかに合戦

カニ

24

# 才能がなくても既存の作品の〝構造〟を借りてオリジナルを生む。

僕は楽器がまったく演奏できません。習い事で姉のエレクトーン教室に一緒に通っていたものの、まるで弾けるようになりませんでした。今では、エレクトーン教室の本棚に置いてあった星新一の『きまぐれロボット』がめちゃくちゃおもしろかった、という記憶だけが残っています。

大学時代も、友人にバンドやろうぜと誘われベースを貸してもらったものの、結局4年間、部屋の置物に。人が遊びにきたときに「ベース弾けるの？」と聞かれて「ああ、まぁちょっと……」とカッコつけるためだけのものになっていました。

そんな音楽的才能のない僕ですが、そのくせ歌モノの映像はよくつくります。CMソングから主題歌まで、作詞はすべて自分でやっています。もちろん作曲はプロの方にお願いするのですが、ここでは僕なりの作詞法を教えたいと思います。

最初はどうつくればいいのかわからずに、言うべき／言いたい要素をただただズラッと並べた文章を作曲家の方に渡していました。しかし、やはりと言うべきか、ただの文章に無理やりメロディをつけてもらっているのでなんだか収まりも悪いし、盛り上がりもありません。

そこで困った僕は、先人の力を借りることにしました。既存の歌の歌詞の構成をそのまま借りるという作戦です。いわゆる「換骨奪胎《かんこつだったい》」です。

ベースの歌はなんでもいいのですが、とくにCMソングなどはなるべく耳に残りやすく、思わず口ずさんでしまうものが理想です。たとえば童謡のように、子どもでも歌いやすいものがいいでしょう。

そこで、『TAROMAN』の主題歌「爆発だッ!タローマン」では、童謡の「ひらいたひらいた」を参考にしました。

♪ひらいた　ひらいた　なんの花が　ひらいた

いきなり動詞を3回繰り返すのは耳に残ります。冒頭はこんな感じでいこうと決めました。そして、それまでは謎の「ひらいた」だったのが、3回目で「なんの花が　ひらいた」と、具体的な内容がわかるようになっている展開は効果的だなぁとも思いました。そこで、ここに岡本太郎の「芸術は爆発だ」の名言をはめてみたのです。

またケッタイな歌詞が送られてきよった……
う〜ん
タローマンなどの作曲をてがける
林 彰人さん

## ♪爆発だ　爆発だ　爆発だ芸術だ

こうして、曲の冒頭の歌詞が生まれました。

既存の歌詞の構造を借りることで、なんと僕でもそれらしい歌詞がつくれたではありませんか。

同じように曲の他の部分も、自分が気持ちがいいなと感じる曲の歌詞を調べては、一フレーズごとの文字数を数えて、それに合わせて言うべき言葉の文字数を調整しながら入れていきました。

入れている言葉がまったく違うので、元の曲の面影はまるでありませんが、文字数のリズムの気持ち良さは残るので、音楽の才能がない僕のような人間でも作曲しやすい歌詞がつくれるのです。既存の音楽の歌詞を分解しているうちに、自然と歌詞のリズム感みたいなものもついてくるようになりました。

物語や企画をつくるときも同じように、既存のものをそのまま盗むわけではなく、その〝構造〟を借りることでオリジナルを生みだすことができると思います。

# 25

# 「○○っぽいもの」をつくって安心しない。

広告っぽいもの、キャラクターっぽいもの……その〝それっぽさ〟こそが印象に残らない原因ではないかと思うことがあります。自分が安心するための〝それっぽさ〟にはいつも疑問を持っているべきだと思います。

たとえば大学の講義なんかで、CMの企画を出してくださいという課題を出すと、学生のみなさんは自分の想像する〝CMっぽい〟絵コンテを提出してくることがとても多いです。

〝CMっぽい〟とは、いかにもな流行りの音楽がかかり、それっぽい気の利いたナレーションが入り、流行りのタレントが出演し、最後に商品を持って、いい感じにキメる……というようなものです。

次にヒットするキャラクター案を考えてきてください、と言っても、出てくるのはいかにも〝現在ヒット中の人気キャラクターっぽい〟ものばかりだったりします。それくらい、〝○○っぽいもの〟の誘惑は強いようです。

とはいえ、〝それっぽいもの〟というのは、ある意味、そのジャンルの基本のカタチであり、そんな基本から学ぶのも学生の頃はあっていいのかなと思います。僕自身、学生の頃はいかにもMVっぽいもの、いかにも映画っぽいものをつくっては、さも〝プロっぽい〟映像が仕上がっていくおもしろさに興奮していたものです。

でも、この傾向はなにも学生に限ったことではないのです。プロの撮影現場であっても、油断するとみんな、それっぽいライティング、それっぽい編集をして〝広告っぽいもの〟をつくろうとしてしまいます。

いかにも広告っぽいものをつくるとクライアントが安心するので、つくり手側もついついそれに従いたくなってしまうのです。そしてそれこそがプロの技術である、とも言えるのがややこしいところではあります。

しかし、なにかおもしろいものをつくりたいときに〝それっぽさ〟は最大の敵です。〝それっぽさ〟に流されて安住することこそが、その作品を凡庸で印象に残らないものにしてしまっている原因ではないかと、警戒するべきだと思っています。

〝それっぽさ〟とは、言い換えればみんなが思う一般的な正解のこと。その

蔵前陵苑 CM『アトラクション篇』（2023年）

満照山 眞敬寺 蔵前陵苑

正解の枠内に収まって安心したいとき、それは今つくっているものに自信がないときではないかと自分を疑ってみてください。

本当に、一般的な正解を求めて丸く収めるのがいいのかどうか。むしろ、ちょっと不正解くらいのほうが、ちゃんとできていないくらいのほうが、おもしろくなるのではないか。そんな疑問を常に持っていてほしいのです。

そう言いながら、お前だってさんざん〝それっぽい〟パロディ的な映像をつくっているじゃないか、と思うかもしれません。実は、本来その場所にはそぐわない、ズレた〝それっぽさ〟は効果的なおもしろさを生むこともあります。

「蔵前陵苑」という室内墓地のＰＲ映像を依頼されたときは、ディズニーランドなどのアトラクションの搭乗時に流れる映像の〝それっぽさ〟をこれでもかと入れた映像をつくりました。墓地と遊園地、真逆とも言える〝それっぽさ〟のギャップによりインパクトが生まれたと思います。

**意識して使う〝それっぽさ〟はおもしろさを生みますが、安心のために使**

う〝それっぽさ〞はつまらないことになります。〝それっぽさ〞が一概に悪いわけではなく、自分がそこに逃げ込んでいないかどうかを、常に自己点検しましょう、ということです。

そういう僕も今、いかにも「仕事術の本」っぽいことを書いて安心しようとしている自分に気がついて、ネガティブ思考が爆発しています……。

# 26
# 理屈優先のつまらない考えを解放させるガス抜きをする。

広告は、テレビや映画など他の映像と比べて、圧倒的に〝理屈〟を優先したもののつくり方になっていると思います。

問題解決ありきのロジックで構築していくもののつくり方というのは、他の業界にはあまりないものなので、他業界のコンテンツをつくるときの強い武器になります。企画書一枚でも、広告業界の人は説得力のある企画書を書くのが上手いように感じます。

ただ、その理屈優先のつくり方に慣れていることが、時に毒にもなります。僕自身、広告の世界から独立してさまざまなコンテンツをつくるときに、どうしても意味を求めてしまったり、理屈に頼ってしまって、今一つ突き抜けないものになってしまうことがあります。頭でっかちなつくりと言いますか、「こうすればおもしろくなるだろう」というつくり手の理屈が透けて見えるようなものに。

そんなときは一度、まるで意味のないものをつくって、ガス抜きのようなことをしてみるのをおすすめします。

僕自身は、ガス抜きとして「夢日記」を描いています。自分の見た夢を1ページ漫画としてSNSや雑誌に掲載しているのです。

どんなに不条理でも、オチがなくても、ただただ自分の見た夢をそのまま漫画にするというルールで描いていますが、日々、意味を求めるものづくりをしている身にとっては、脳のいつもと違う部分が使われるようで良い刺激になっているように感じます。そうして、おもしろさというものは理屈から生まれるだけじゃないということを実感し、すぐに理屈にひっぱられる自分の考え方を改めています。そもそも、夢日記自体がおもしろいかどうかという問題はありますが……。

意味をまったく求めない、しかしコンテンツとしてのおもしろさは欲しい。そんな作業をたまにやってみると良い気分転換になるかもしれません。

2023年3月5日の夢日記

山いるかの肉を食べている。
山に住むイルカと言われているが、本当はキノコらしい。
あの人達は何に並んでいるのだろう?。
あれはヒグマと闘いたい人の行列らしいよ。
クマ!!!
尾骨が一番
『尾骨が一番』という名前の恐ろしいヒグマらしい……
なんで皆、トレイ持ってるの?
恐怖で吐いても良いようにらしいけど…
ヴェーッ
あ、吐いた。

# 第四章　ネガティブ制作術

# 27 お金のことなんか考えたくなくても、見積もりだけは把握しよう。

監督たるもの、クリエイターたるもの、予算のことなんか考えてはいけない。お金のことなんかを考えているとつくるものの発想が狭くなり、縮こまったアイデアしか出てこないぞ。それを考えるのはプロデューサーの役目だ。

広告代理店にいた頃、そんな話を何度もされたことがあります。実際、僕自身も制作費の見積もりを書く作業が大嫌いで、こんなことは自分の仕事じゃない！　と生意気にも思っていました。でも、今ではもっとたくさん見積もり作業をやっておけば良かったと後悔しているくらいです。

ハリウッドのスター監督でもあるまいし、どんなときも予算は有限です。僕レベルの場合、国内でもいわゆる〝低予算案件〟と言われる仕事がメインになります。

そんなときに、予算の感覚がない監督では「え？　予算的にセットがつくれない？　じゃあ撮れないよ！」「だったら内容削るしかないじゃない！」といった話になってしまいますよね。

プロデューサーは、監督の描いた絵コンテの中に描かれていることを実現させるために必死で動いてくれますが、その絵コンテに描かれている要素の本当の優先順位は監督にしかわかりません。

たとえば、なんとなくコンテに描いた、人物の背景に映っている遊園地。許諾や使用料で制作スタッフは大変な思いをしているけれど、監督からしたら実は公園でも別によかった……みたいなことはよくあります。

そもそもやりかたは無限にあって、スタジオ撮影のグリーンバックで遊園地を合成する方法や、ミニチュアでつくったものを合成するという方法もあります。もしくはマットペイント的に、実際の風景に描き足すというやりかただってできます。それぞれ、どれくらいお金がかかるのかをなんとなくでもわかっていればベストな提案ができるはずです。

あるいは、雪山を人が歩いているシーン。全身をカメラに入れようとすると、足元に雪を映さないといけないからスタジオの準備は大変なことになります。しかし、カメラのアングルに足元を入れなければ、代わりに足元のアップを1カット入れて雪山感を出すなど、ずっと簡単な準備で済むのです。

もちろん、これは基本的にはプロデューサーの仕事です。監督が描いたコンテを見て一つ一つ予算を精査し、「ここは相談なんですが……」と先にあげたような代替案の提案をしてくれます。とはいえ、事前に監督自身である程度算段がついているかどうかで、やりとりや作業の効率はまったく違ってくるのです。

そこのやりくりを面倒くさがらずにがんばることで、内容を削ることなくつくることができますし、本当にちゃんと見せたいところにお金をかけてしっかりとつくり込むことができます。

この企画に大事なのは出演者なのか？　セットなのか？　着ぐるみなのか？　音なのか？　どこをリッチにすれば内容がグッと締まるのか？　そういったことを、監督自身が考え、判断できるようにしておく必要があるのです。

それができないと、衣装もセットも編集も絵づくりも音楽も、なんとなく全体的に安っぽい仕上がりになってしまいます。狙ったチープさなら良いのですが、いろいろな事情で仕方なくそうなってしまった狙っていないチープさは、見ていてバレますし、おもしろさにも繋がらないので、できるだけ避けたいところです。

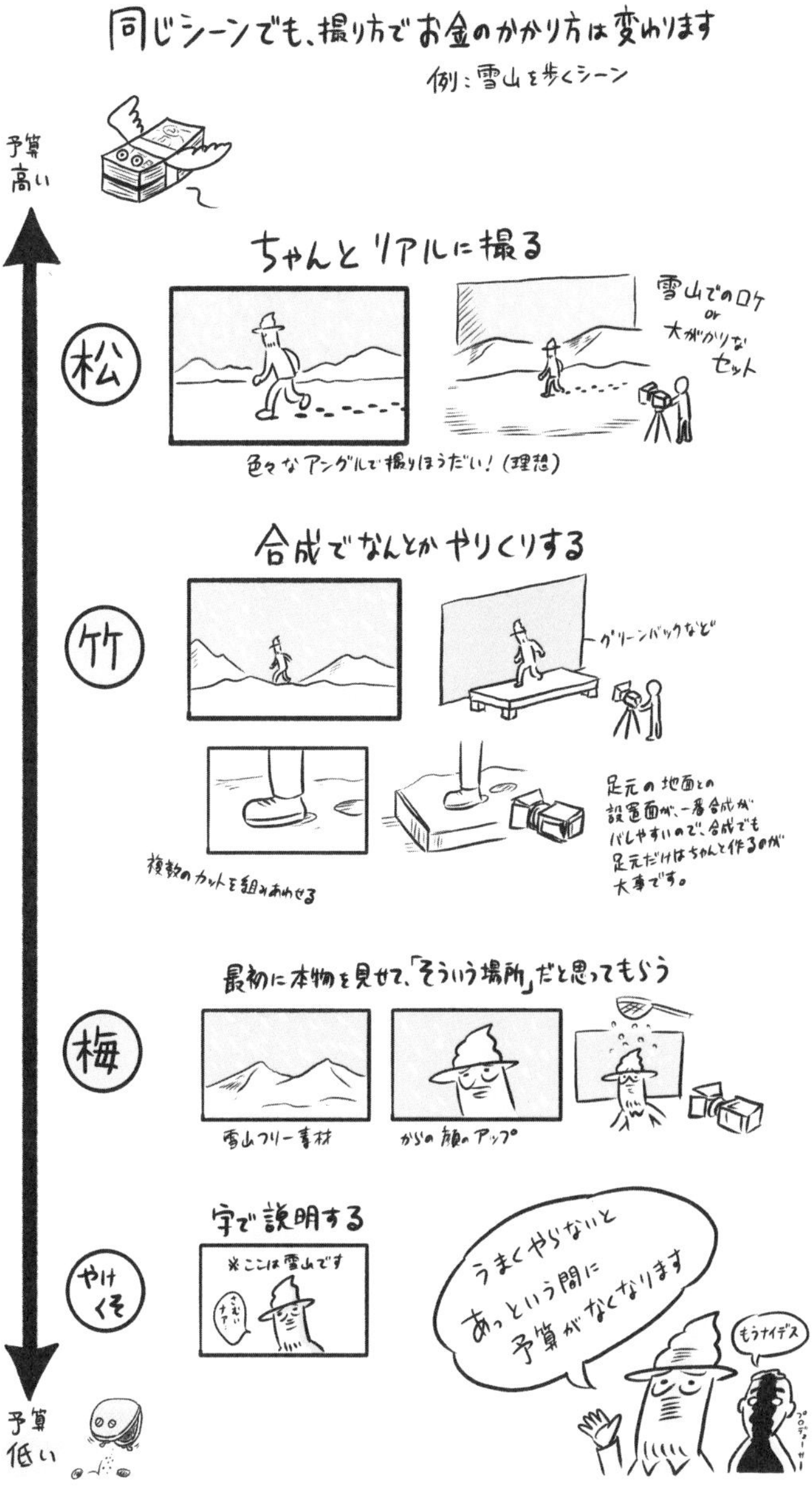
同じシーンでも、撮り方でお金のかかり方は変わります
例：雪山を歩くシーン
予算高い
ちゃんとリアルに撮る
松
雪山でのロケ or 大がかりなセット
色々なアングルで撮りほうだい！（理想）
合成でなんとかやりくりする
竹
グリーンバックなど
複数のカットを組みあわせる
足元の地面との設置面が、一番合成がバレやすいので、合成でも足元だけはちゃんと作るのが大事です。
最初に本物を見せて、「そういう場所」だと思ってもらう
梅
雪山フリー素材
からの顔のアップ
字で説明する
やけくそ
※ここは雪山です
さむいナァ…
予算低い
うまくやらないとあっという間に予算がなくなります
もうナイデス
プロデューサー

## 28

# ネガティブ人間とポジティブ人間のバランスをとる。

どんな人選でチームを組むかは、どんな仕事においても悩みのタネだと思います。能力の高い人をとにかく集めるべきなのか、個性的な人を集めるのか、仲の良い人でまとめたほうがいいのか……。

いろいろなやり方がありますが、僕のようなネガティブ人間の場合は、チーム全体のネガティブ人間とポジティブ人間のバランスをいかにとっていくかを、かなり重視しています。

いわばネガとポジ、陰と陽のバランスです。そんなの、みんなポジティブで陽気な人で固めたほうが現場もハッピーでいいじゃないかと思われそうですが、実はそういうわけでもないのです。

かつて、僕以外の全員が「陽」の方々と仕事をしたことがありました。もちろん現場は陽気で、とても楽しくハッピーな雰囲気。撮影もサクサクと進んでいきました。

しかし、「いま撮影したカット最高だったね！」「それもいい！　おもしろい！」と「陽」の持つポジティブな推進力がどんどん増幅していった結果、まるで立ち止まって考えることが空気を乱すかのような雰囲気になってしまいました。そして、ふだん3人分のネガティブパワーを持つ僕をもってしてもその勢いを止めることができず、軌道修正もままならずに撮影は終わりました。

その結果、仕上がりは現場ノリ最優先で、その場のウケ至上主義のような粗いものに。見返すと「もっとああすればよかった……」と後悔するものになってしまいました。

かといって、逆にネガティブ人間だけの現場もそれはそれで難しくなります。ムードの暗さもさることながら、いろいろなリスクを精査しすぎて現場が回らなくなってしまうのです。

制作には必要不可欠なネガティブチェックですが、現場の推進力を止めてしまう側面も。みんながブレーキをかけていては仕事も進まない上に、その重い空気感が伝播してしまい、演者さんにも過度の負担がかかってしまいます。

クライアントまでその空気に飲まれてしまうと、「自分ももっといろいろ精査せねば！」と、細かいところまで口出しをしはじめるという悪循環が生まれてしまうのです。

アクセルを踏む人、ブレーキをかける人、どちらもいなければレースはできません。とても凡庸なことのようですが、チーム編成においても陰と陽のバランスが大事なのです。

もちろん、完全にどちらかに振り切った人などいないので（そんな人がいたらそれはそれで恐怖です）、全体のバランスとしてどちらかに偏りすぎないように調整しましょう、という意味です。

僕自身がネガティブ3倍人間なこともあり、僕が企画会議や制作現場のスタッフィングをするときは、意図的に陽のスタッフを配置するようにしています。なんなら、もはや仕事はしなくてもいいから陽の人にはいてほしいとすら思っています。

そんな、いわゆる「ムードメーカー」的な人を配置しておくと、待ち時間

でも盛り上げてくれて、前向きな空気をつくってくれます。「ムードメーカー」というと、仕事ができなさそうという先入観を抱きがちですが、この言葉があること自体、その役割が必要不可欠だということを物語っているのではないでしょうか。会社員時代は「宴会部長」と呼ばれるようなタイプの人を甘く見ていたところがありますが、今では組織に必要な人材だったのだなと痛感しています。

自分がどんなにあがいてもそういう人間に変わることはできないのですから、いわば「明るさ」を外注していると思えばいいのです。

僕がよく仕事をするカメラマンの藤本雅也も、そんな陽の人間の一人です。彼はもともとポジティブな人間ですが、自分の役割を俯瞰《ふかん》で判断した上で、その現場に必要な〝ビジネスポジティブ〟をまっとうできる男なので大変助かっています。僕にとっては、沈思黙考《ちんしもっこう》する巨匠カメラマンよりもありがたい存在です。

たとえるに、チームには電気グルーヴのピエール瀧さんのようなポジションの人が絶対に必要なのです。

逆に、あなたが陽の人間だったら、慎重派の陰のタイプをスタッフに入れるといいかもしれません。あなたがチームの上司なら、自分と逆のタイプの部下をチームに入れるのもいいでしょう。

自分と近しい人ばかりでチームを固めていると、案外うまくいかなかったりするものです。チーム全体で陰と陽のバランスをとることを意識してみましょう。

## ポジティブばかり

どちらに かたよっても ややこしい……

## ネガティブばかり

理想のチーム

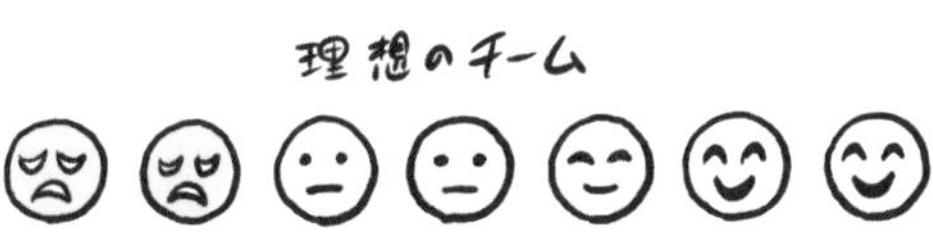

ネガティブ人間とポジティブ人間のバランスをとりましょう

# 29 現場ウケは信用しない。つくり手のおもしろがりは見せない。

おもしろ映像を撮っていると、よく「撮影現場もさぞかし愉快なんでしょうね」と思われがちなのですが、僕の撮影現場はさほどおもしろおかしい場所ではありません。むしろ、現場スタッフのウケをあまり信用しないように気をつけています。

僕自身が、映像を見ているときに内輪の盛り上がりが垣間見えると冷めてしまうことが多く、そうならないようにしたいという気持ちが強いのかもしれません。そういう映像を見ると、なんだか自分が蚊帳の外にいるようなネガティブな気持ちが生まれてしまうのです。

あくまでも僕らの目的は、映像を見た人がおもしろいと思ってくれること。だから、現場の内輪ノリで一人よがりな〝おもしろさ〟に陥ってはいけないと考えています。

ここは、僕が思う「映像がなぜおもしろいと感じられるのか」という創作論にも繋がってくるので、丁寧に説明しましょう。

僕が好きなおもしろさは、「登場人物たちは至って真剣にやっているのに、それを外から見ると、彼らのまじめさが滑稽に見える」というものです。

だから演者の方々にもまじめな演技を求めます。しかし、演者は作ってぃるものがおもしろ映像だと知ると、わざとコメディっぽいおどけた表情や演技をしがちです。「ここはまじめにやってほしいです」と伝えても、なかなかわかってもらうのは難しい。あるときは、変顔を抑えてほしいと頼んだ俳優さんに「(某有名監督)さんの現場ではこの演技で褒められた！ 現場のスタッフみんなも笑っているじゃないか！」と怒られたことすらあります。

確かに過剰にコメディっぽい演技をすることでおもしろくなることもあるとは思います。僕自身、変顔や勢いで押し切るタイプの芸人さんのネタは大好きです。でも、僕の創作は「他人から見たら変なことを、大まじめにやる」ことで生まれるおかしみを大切にしたいのです。


岡本太郎の言葉にも「でたらめをやってごらん」とありますが、「でたらめ＝コミカル、雑、テキトー」ではありません。でたらめをやるからこそ、真剣にならなくちゃいけないと僕は考えます。

つくり手の「こうすればウケるんでしょ」という浅はかな意図は得てして

バレるし、見ている人を白《しら》けさせます。僕が「まじめにつくったのに、変なものになってしまった」を目指している理由はそこです。つくっている側がとことんまじめにやっているんだけど、そのまじめさが滑稽に転じてしまう。そういうユニークさが僕は好きなのです。

極論を言えば、笑わせなくたっていいのです。僕の根っこにあるのは「変な世界をつくりたい」ということ。それを実現した結果、見た人の心に引っかかり、そしておまけに笑ってもらえたら最高です。

たとえば『TAROMAN』は、『ウルトラマン』をパロディにしたおもしろコメディではなく、「昭和の特撮の世界で、岡本太郎をモチーフとしたヒーローをまじめにつくったもの」が、結果的になんだか滑稽にも見える……というものを狙ってつくりました。

また、『石田三成CM』も、「昭和の時代に滋賀県の職員の方々がまじめにつくったCM」が、なんだか味がありすぎておもしろい……という見え方を狙っています。

モニターの向こうの
盛り上がりに
盛り下がってしまう
めんどくさいタイプ
ネガ〜
どうせ
自分はあっち側の
人間じゃない……

どちらも、つくり手の悪ふざけ感が前面に出ていたら、見ている人にはおもしろさよりも不快感が勝ってしまったかもしれません。あくまで「中の人は本気でそれをやっている」と見せるのが、そしてつくり手自身が本気でやることが重要なのだと思います。

その本気度が、つくり込みの細かさやリアリティにあらわれてくる。そこをまじめにやることで、にじみ出るおもしろさが生まれるのだと思います。

# 30 本職ではないネガティブさも個性や手ざわりになってくれる。

「自分でやったほうが早い」と自分でやってしまうリーダーはダメだ。仕事を属人化させてはいけない。いつ誰にでも引き継げるような仕事をするべきだ。

それが世の中の主流のようです。広告業界、映像業界もどんどんそんな流れになっています。

一見、とても正しいような気がします。でもこれは、実は「会社にとって都合が良いから」に他なりません。いつでも人の替えが効くシステムのほうが組織として便利ですから。

僕のクリエイティブの特徴は、結局のところ「手数が多い」に尽きると思っています。「藤井さんのつくるものは〝数の暴力〟ですね」と言われたこともあります。

イラストもアニメーションも、デザインや小道具に至るまで、自分でやれるところはなるべく自分でやる。どれも本職じゃないから、100点のクオリティではないかもしれません。プロのイラストレーターやアニメーター、デザイナーと比べたら完成度が足りない部分もあるかもしれません。

でもそのぶん、人がつくった〝手ざわり〟は、ある程度残せているんじゃないかなと思います。


この手ざわりというのが、意外とバカにできないのです。

プロの仕事は完成度が高いぶん、違和感がなさすぎて、受け流されてしまうことも少なくありません。その点、僕のように本職未満なクオリティでつくっていくと、良くも悪くも目につきやすい。つくるたびにイチから勉強しながらつくっていることもあり、惰性でつくったような小慣れ感がないことで、かえって人の目に留まりやすいのです。

だから僕は可能な限り、自分の手を動かしてコンテンツを直接つくるようにしています。


僕自身、映画なんかでも、監督、脚本などを一人の人がやっているものに魅力を感じます。その人の味や個性がしっかりと出ているものには、やはり〝手ざわり〟を感じるのです。

できるだけ自分の手を動かすようにしているのには、他にも理由がありま
す。人に頼んでしまうと、「本当はこうしたかったのにな……」という要望
を伝えるのがストレスになるからです。

制作中にいいアイデアが浮かぶことはよくあります。しかし都合よく最初から全部のアイデアが浮かぶことはなかなかありません。そんなとき、つくっている途中で何度も何度もスタッフにやり直しをさせていると、こちらにも向こうにもどんどんストレスが溜まっていきます。めちゃくちゃ怒っていたらどうしよう……とネガティブな気持ちになりながら修正を出し続けるのは、なかなかつらいものです。

監督たるもの、そこは心を鬼にして何度もやらせるべきである、という理屈もあるのはわかるのですが、巨匠監督のビッグバジェット映画でもなく、予算にも時間にも限りがある中、おもしろくなるか確定しないようなアイデアを何度も試させるわけにはいきません。

キタンクラブ『カプセルトイの歴史』
(2021年)
©キタンクラブ　©藤井亮

ここは本当に裁量が難しいのですが、信頼するスタッフにある程度は頼みつつも、つくっている最中にどんどんアイデアが浮かびそうな作業は、自分で引き受けることが必要だと思っています。

また僕の場合、企画スタートの時点ではまだディテールが煮詰まっていないことが多く、この段階では良くても50点くらいの出来です。そこから点数を上げていくためには、コツコツとディテールを積み重ねていくしかありません。実際、絵コンテを描きながらアイデアが湧いてくることが多く、どんどん描き足すことになります。だからこのプロセスは自分でやるのがいちばん良いのです。

以前、スケジュールの都合で絵コンテなしの脚本のみでドラマを撮影したことがありますが、絵をおもしろくするアイデアが浮かんでも、すでに現場ではどうしようもないということが何度もあり、悔しい思いをしました。

自分自身、いろんなコンテンツに接している中で、ディテールがおざなりになっているのに気づいた途端、白けてしまうことがよくあります。僕は小

道具や美術が好きなので、そういう細部に目が行きがちなのですが、時代劇や昭和中期以前が舞台のドラマで、手書きであるべき掲示物やポスターなどが、筆文字風のフォントで印刷されているのに気づくと、そっちが気になって集中が切れてしまうのです。

「神は細部に宿る」と言ってしまうと陳腐ですが、それは真実です。フィクションをつくるなら、ディテールは真実であったほうがリアリティは増します。

そんな僕の好きなディテールばかりに特化したとも言えるのが、53ページでも紹介した『大嘘博物館　カプセルトイ二億年の歴史』というイベントです。

カプセルトイメーカーのキタンクラブのコンテンツとして作成した『カプセルトイの歴史』という、すべてが嘘のカプセルトイの歴史を描いたモキュメンタリー映像から発展して開催したイベントですが、すべての展示物が架空のニセモノで構成された博物館をつくりました。いかにそれっぽい架空の資料や出土品、架空の番組などをつくるかにこだわった展示は、頭がおかし

『大嘘博物館』（渋谷PARCO、2022年）
主催：ほぼ日／共催：キタンクラブ／企画・
プロデュース：藤井亮

くなりそうなほど大変でしたが、とてもやりがいのある仕事でした。

たまに、自分でもしっくりこないまま仕上げてしまった仕事があると、それがオンエアされてからも、ずっと引きずってしまいます。

でも、そういう失敗はムダじゃありません。つくり手としては、過去にどれだけ「しっくりこない経験」をしてきたかも重要です。

ポジティブすぎると反省することもなく、「これはこれでよかったな」と納得してしまって、伸びなくなります。ネガティブに過去の失敗を引きずり続けることが、自分を成長させるのです。

# 31

# 企画の数が出ない怖さより企画を深掘りする怖さと向き合う。

広告業界では、１０００本ノックや１００本コピーなどと言い、若手にはとにかくたくさん企画を出させることを是としてきました。僕もそんなことを何度か経験したことがあります。

確かに数をたくさん出すことで、自分のキャパシティが増える感覚もありますし、その苦行に耐えられる丈夫な人間だけが残るというメリットはあるのかもしれません。

ただ、それによって一つの穴を深くまで掘るという能力や経験が弱くなってしまうのではないかと、今は思っています。広告のクリエイティブが薄っぺらく見えるのはこのせいなのでは、という気持ちまであります。

アイデアは、とにかく無責任に数を出すことが大事と言われますが、結局、実際に使うアイデアは一つです。それなら、１００案を出すために使ったエネルギーを一案に注ぎ込んで、濃度の高いものをつくる。そうすれば、注ぎ込まれるエネルギーの量は１００倍になります。

それに、アイデアの数を出すことばかりしていると、確かにたくさんの切

せまく深く
浅く広く
アイデア
アイデア
アイデア
アイデア
アイデア

り口を量産できるようになる能力はつきますが、それを実行可能なアイデアや、絵コンテ、脚本に落とし込んでいく能力はつきません。その二つは、実はまったくの別物です。

一つのアイデアを掘り続けることで生まれてくるさまざまな問題点。それをどう解決していくかの力がつかないことには、いつまで経っても、叩き台をつくる役目しかもらえないかもしれないのです。

僕も、先輩と打ち合わせするのに一案だけ持っていくのは怖いし失礼だという気持ちから、どうせ通らないのがわかっている別案や、とりあえずのおまけ案を何百時間も考えてきました。

なにより深掘りするのは怖いのです。深く深く潜った結果、そこになにもなかったら……。それよりは浅く広く、いろいろなところを掘ったほうが効率的ですし、どこかに正解がありそうな気がしますからね。

でも本当は、覚悟して深くまで掘った一案を持って行くべきだったのかもしれません。広くいろいろなところに浅い穴を掘り、どれを深く掘るかを決めずに上司に選んでもらうのは、「責任感がない」ということでもあります。

それに気がつくまでにずいぶんかかりました。

今は「この辺かな?」とあたりをつけたらそこに深く潜るようにしています。多少、方向性を間違えていても、その掘った深い穴は必ずどこかに繋がるものです。


そんな経験もあって、僕自身、現場のスタッフには数を出してもらうことはなるべくしないようにしています。自分はクライアントから「企画を複数案ください」と言われたら文句を垂れるのに、スタッフには「いくつか編集のパターンを見せてほしい」などと要求したくなってしまう。その気持ちはわかりますが、「いろいろ見てみないとわからない」のだとしたら、それは自分のビジョンが曖昧だからです。なるべく自分の中で答えを出してからできるだけ明確な指示や要求をお願いするようにしています。

なにより、映像制作の場合、パターンを出すにもお金がかかります。余計なコストを生まないためにも、具体的な指示を出すことは大切です。最終的に形にならないものをつくらせるのは、スタッフのモチベーションを下げることにも繋がります。一つに集中してディテールを掘り下げてもらったほう

がクオリティも良くなります。
「どうせまた使うかどうかわからないし……」と思われるか、「確かにそうすれば良くなるし、作業はムダにならないもんな！」と思ってもらえるかは、長い作業期間の中で、スタッフのモチベーションやクオリティに必ず大きな開きを生むでしょう。

余談ですが、ＣＭ出身の監督がドラマなどを撮る際、俳優に「別パターンも撮りたいんですけど……」とお願いして「別パターンってなんだよ！」と怒られるのは、あるあるです。僕も怒られたことがありますが、これも広告業界の数を欲しがる悪習から生まれているのかもしれません。

# 32 ギリギリまで手を入れ続けるネガティブ目線が自分の個性になる。

がんばって撮影した映像を、さあ編集するぞ！　とまずはコンテ通りに簡易に繋いだものを見たとき、僕は「あれ、思ったよりぜんぜん良くない……」と毎回落ち込みます。なぜか必ず毎回です。現場で良い画が撮れたと思っていた場合でも関係ありません。

おそらくネガティブなチェック目線が災いして、カットごとに今からかけるべき修正を何箇所も発見しているうちに、その膨大な量に脳が悲鳴をあげているのでしょう。

撮影現場でほぼ合成や加工が必要ないくらいの完成形を目指して撮影し、あとはその撮ったものを並べるだけ……というスタイルの監督ならそうはならないでしょう。それはさながら、最上級の海鮮を、切れ味の良い包丁でさばいて盛りつけた刺身のよう。素晴らしい匠の技であり、憧れます。

しかしながら、僕のつくるものは素材を切ったり焼いたりするどころか、怪しいソースまでかける始末。とにかく編集であれやこれやと味をつけてしまうスタイルなのです。現場のスタッフには申し訳ないとすら思うレベルで味をつけていきます。

滋賀県 CM『石田三成CM』(2017年)
滋賀県

これは僕のネガティブな人間性が影響しており、とにかくあとから小ネタを足してでも点数を上げなければ、という強迫観念に近いものです。「なにも小ネタがないカット恐怖症」なのです。アニメーションを描き足したり、テロップを入れたりして、なんとかおもしろくできないかとあれこれ探り続けます。

「足す」どころか、なにもないところからつくりだすということも平気でやります。

『石田三成CM』では、撮影後に石田三成の「三《さん》献《こん》の茶」のエピソード（寺小姓だった頃の三成が、羽柴秀吉に一杯目はぬるいお茶を茶碗なみなみに、二杯目は少し熱めのお茶を半分ほど、三杯目は熱いお茶を小さい茶碗で出した、という逸話）を入れるのを忘れていたことに気づき、慌てて会社で「三献の茶」という架空のお茶のラベルをIllustratorでつくり、プリントして空のペットボトルに貼りました。そして給湯室から小道具の湯呑みを持ってきて、会議室のテーブルの端っこでiPhoneで撮影した素材をつくってCMになんとか入れ込みました。

普通であれば、CM制作会社のプロデューサーから美術さんに小道具を依頼し、撮影スタッフとスタジオを再度予約して……という流れが必要です。なので、「今からそのカットを足すのはあきらめましょう」となるところなのですが、自分でつくってしまえば大丈夫、というむちゃくちゃなやり口で小ネタを足し続けました。だって、どうにも不安なんですから。

合成用のグリーンバックで撮った素材の場合は、さらに延々と背景をいじり続けます。

『TAROMAN』のときは、人物の撮影後も、古い写真や、会社に置いてあるミニチュアなどを撮影してはPhotoshopで合成し、それらしき昭和風の背景をつくり続けました。

その上、最後は、でき上がった映像をVHSに一度通してわざと画質を劣化させたりもします。せっかく直火でつくった料理をレンジでチンするようなありさまです。

正直、僕の場合は手を入れすぎなのかもしれません。ただ、それが結果的に作風にもなっているし、これからもこういうつくり方を続けていくしかないんだろうなと思います。

そんな感じで、常にギリギリまであれこれいじっては「なんとか間に合った……」と思いながら納品している日々です。作業中はいつも「こんなんじゃスケジュール通りに終わらないよ」と頭を抱えていますが、結果的に間に合っているので、まあ良しとしています。締め切りがなければ、僕はいつまでも手を動かし続けてしまうでしょう。そういう意味ではデッドラインに感謝もしています。

こうやって少しずつ映像ができていく過程は大変ですが、とても楽しいものなのです。

# 33

# ネガティブな修正要求こそ、クオリティを上げるチャンス。

今、自分が20代だったら広告業界に行きたいと思うか？

その答えはノーになるような気がしています。それくらいに今は広告の仕事におもしろさを求められないネガティブな状況になっているように感じるからです。「広告」は効果がすべてである。おもしろいかどうかなんて意味がない。そう、まことしやかに言われます。驚くことに、企画者の人たちでさえもそう言う人が少なくないのです。

確かに広告は経済活動ですからそれは間違いないでしょう。でも、広告制作に携わる者において、若い頃に映像をつくって生きていこうと志した人間が、本当にそう思っているのでしょうか？ 広告の効果だけを見た理屈には、つくり手の感情は入っていません。

どんなつくり手も、本当は人に興味を持って観てもらいたい、おもしろがってもらいたいと思っているはずなのです。でも、本当に自分がおもしろいと思っているものをつくって否定されるのが恐ろしい。

そんなときに自分を守ってくれるのが、〝マーケティング的な広告系の横文字たち〟なのかもしれません。この広告がつまらないのは自分のせいではない。戦略的に考えた結果であり、クライアント事情なのだ、と。

僕は、自分の作ったものをおもしろがってほしい、という素直な欲求を認めることが第一歩だと思っています。そして、そんな自分がおもしろいと思って精魂込めたものでなければ、人の心は動かないのではないでしょうか。

たとえプロでも、好きでやっていることと、お金のためにやっていることでは熱量の入り方がまるで違いますし、クオリティにも差が出るはずです。それなら、その感情をうまく利用することこそ効率が良く、費用対効果も高いのではないでしょうか。

依頼主と制作者のお互いが幸せに制作できることこそが、予算以上の価値を生む。そしてそれを可能にするのが良い企画だと僕は信じています。

確かに「広告」をつくっていると、クライアントから日々さまざまな修正やオーダーがあります。それを強くはねのけるか、上手いこと受け流すかがつくり手の技術だと言われることもありますが、それはなんだか乱暴な気もします。

だからといって、すべて依頼主の要求通りにこなし、可もなく不可もない、なんの印象にも残らない広告をつくっては、それこそクライアントのためになっているとは思えません。印象に残すためにつくっているのが広告ですから。

クライアントからの修正は、だいたいがなにかしらの違和感から発生しているものです。でも、その違和感がどこから生じているのかが彼らにはわからない（うまく言語化できない）ので、「このシーンをなくしてくれ」とか「商品をもっと大きく」みたいなオーダーになってしまうのだと思います。

大事なのは、修正要求をそのまま鵜呑《うの》みにするのではなく、彼らが感じている違和感の中身を掘り下げてあげることです。

「商品をもっと大きく」してほしいのは、商品が目立たない気がするからで

はないか？　ではなぜ目立たないように見えるのか？　背景の要素がごちゃごちゃして見にくいから？　映っている時間が短いから？　商品名をナレーションで読めば解決できる？　それまで女性がしゃべっているから、商品名だけは男性ナレーションにすることで目立たせようか？

このように要求を細かく掘っていくことで、どこかでお互いが納得できる着地点が見つけられるはずです。

なんといってもクライアントは、僕たちなんかよりも商品のことをずっと知っている専門家です。そのぶん客観視がしにくい部分をフォローしてあげながら、できる限りしっかりと話を聞くことが、良い仕上がりになるためにも必要なのではないでしょうか。

そして、たどり着いた着地点を制作スタッフに伝える際にも、ひと工夫が必要です。

「クライアントがこんなこと言ってきてさあ……」とクライアントを悪者にするのではなく、「こうすればもっと良くなりそうだから！」というおみやげを持って帰ってきたかのように伝えるのです。理想としては、クライアントからの修正要求が入ったことすら気づかせないくらい、あくまでブラッシュアップの結果として出てきた改善案だと思ってもらえたら成功です。

余談ですが、先輩のコピーライターの直川隆久さんが、「〝クライアント〟と言わずに〝スポンサー〟と呼んではどうか?」と言っていました。

確かに「クライアント」と言うと、どこか絶対的な上下関係を感じますが、「スポンサー」と言うと、予算を出して応援してくれるような雰囲気すらありませんか?

# 藤井亮の
# モチベーションの源

**落ち込んだメンタルを回復させたいとき、テンションを上げて元気を出したいとき、藤井亮がモチベーションを取り戻すのに観るものとは？**

見積もりや費用対効果を考えたりと、自分がまともになってしまいそうなとき、「世の中にはこんなにむちゃくちゃなものをまじめに本気でつくっている人たちがいるんだ！」と思い返し、自分を取り戻すために観る映画があります。

突然ギターケースに仕込まれたマシンガンをぶっ放すロバート・ロドリゲス監督の『デスペラード』。前半は犯罪サスペンスなのに途中からゾンビアクションになる同じ監督の『フロム・ダスク・ティル・ドーン』。狂ったヤクザ映画がラストで衝撃的なオチを迎える三池崇史監督の『DEAD OR ALIVE デッド オア アライブ 犯罪者』などはその一例です。

どれも、つくり手側はまじめにカッコいいものをつくっているように見えなくもない、そのさじ加減が絶妙で、観るといつも勇気づけられます。

同じような意味で、自分がまともな考えに流れてしまいそうなときは、「電気グルーヴ」の音楽を聴いて自分の不まじめさを取り戻しています。

## 大人がまじめに不まじめをやっている作品

左／DVD『フロム・ダスク・ティル・ドーン』NBCユニバーサル・エンターテイメントジャパン、2021年、1,430円+税
右／DVD『DEAD OR ALIVE デッド オア アライブ 犯罪者』角川エンタテインメント、2008年、絶版

## 制作の舞台裏が大変な映画のドキュメンタリー

自分がネガティブ思考に陥っているときは、ポジティブにものをつくっている人を見ると、自分がそうできないことにストレスを感じてしまうもの。そんなときは、自分よりひどい目に遭ったりしんどい思いをしているものづくりのドキュメンタリーを観ると、「大変なのは自分だけじゃないんだな」と思えて、不思議と元気が出てきます。

中でも、NHK『プロフェッショナル 仕事の流儀』の宮崎駿のシリーズは、宮崎駿がめちゃくちゃ嫌そうにアニメーションをつくっているのがすごく好きなんです。ぶつぶつ文句を言いながら、最終的にはちゃんと仕上げる姿に励まされます。

『マッドマックス 怒りのデス・ロード 口述記録集』は書籍ですが、すぐに撮影が中止になったり、とにかくみんながひどいトラブルに見舞われていて、ある意味ホラー映画に近い内容。自分は安全圏からハラハラできます。読後はぐったりと疲れながらも、自分もがんばろうという気持ちになります。

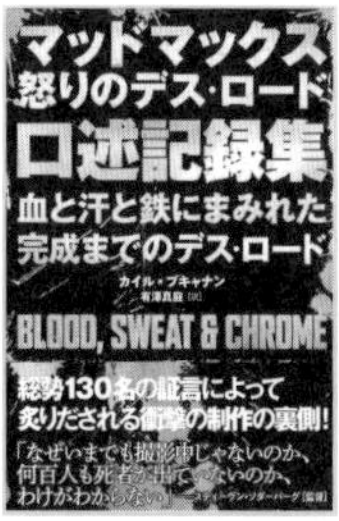


左／DVD『プロフェッショナル 仕事の流儀 特別編 映画監督 宮崎駿の仕事』NHKエンタープライズ、2014年、3,500円+税

右／書籍『マッドマックス 怒りのデス・ロード　口述記録集　血と汗と鉄にまみれた完成までのデス・ロード』竹書房、2023年、3,000円+税

## ものづくりの原点に立ち返らせてくれる漫画

実は、僕がいちばん最初にものづくりに目覚めたきっかけになったのが藤子不二雄Ⓐ先生の『まんが道』です。小学生の頃、いとこの家で読みはじめたらすっかりハマってしまい、親族全員が法事に行って、夜に帰ってくるまでずっと読み続けた記憶があります。

　中でも、反射幻灯機という簡易的なプロジェクターをつくって自分が描いた絵を壁に投影するシーンが大好きで、「こういうことがやりたいな」と思ったのが、現在の仕事に完全に繋がっています。

　今も、あの頃のワクワクを思い出し、初心を取り戻すために読み返すことにしている漫画です。

　どうしてもネガティブでしんどいとき、最後のお守りのように読むのは吾妻ひでお先生の『失踪日記』（イースト・プレス）です。メンタルを安定・回復させるのではなく、どん底まで悪くなっても「最悪どうにかなるな」という奇妙な安心感を与えてくれるので、読むとホッとするのです。『まんが道』とは違う意味で、これもたまに読み返しますね。

漫画『新装版　まんが道』1巻
小学館クリエイティブ、2023年、1,800円+税

# 第五章　ネガティブクリエイター術

# 34 自分よりバカな人がつくっていると思わせたら勝ち。

いわゆる映像やデザイン、広告などのクリエイティブ業界では、やたらおしゃれなオフィスが多く、そんなおしゃれ空間でシュッとした横文字の飛び交う仕事なんかをしていると、自然と自分もなにかしら最先端のイケている人間だと錯覚しがちです。

世の中のほとんどのコンテンツを届けるべき相手は、ごく普通の人たちです。都会に住んでいると勘違いしそうになりますが、おしゃれなオフィスでおしゃれなケータリングを食べながらミーティングして、「庶民感覚」がどうのこうのと上から目線で論じている世界は、普通でも庶民でもありません。クリエイティブ業界はそれを忘れてはいけないと思います。

僕自身、新卒で広告代理店に採用が決まり、これからこの汐留の高層ビルで最先端のクリエイターとして働いていくのか……などと、緊張と期待と大いなる勘違いをもって入社しました。

しかし、入社直後に関西支社勤務の辞令を受けてその幻想は崩れ去りました。関西支社のビルは昔ながらの学校の職員室を思わせるような雰囲気で、

おしゃれなオフィス感は皆無。タバコの煙と飛び交う関西弁……。

当時は1日でも早く東京に戻りたいとショックに打ちひしがれていましたが、実はそここそ本当のコミュニケーションとクリエイティブを学ぶことができる場所でした。あの頃の感覚を忘れないよう、今も自分の事務所は雑居ビルの一部屋にしています。

金鳥のCMをつくっていた堀井博次さんや、石井達矢さんといったレジェンドたちのスタンスは、「わしらはバカにされてなんぼやから」というものでした。彼らが口を揃えて言っていたのは「下から目線を持て」。自分のことを「クリエイター」なんて呼ばず、一種の「チンドン屋」だと思っておくことが、いかに大切かをそこで教わりました。

金鳥のCMの良さは、視聴者が「アホやなぁ」と笑えるところにあります。あまりにもくだらなくて、自分よりもバカな人間がこのCMをつくっているとみんなが思うほどです。

人間は、自分よりもバカだと思った人に対して、心のガードが下がります。優れた広告は、そうやって生まれた視聴者のスキにふっと入り込んで、忘れがたい印象を残していくのだと学びました。

上から目線でカッコよさを見せて商品を売るよりも、僕にはずっと向いているなと思いました。


正直な話をすると、『石田三成ＣＭ』をつくった頃は、まだ自分だっておしゃれな仕事ができるはず、カッコいいクリエイターに思われたい、という邪念が存分に残っていました。

当時はあんなふうにわざわざアナログＴＶ画質でローカル風につくるＣＭなどなかったので、こんなチープでダサいものをつくってしまったら、二度とおしゃれな仕事がこなくなってしまうのではないか、僕のおしゃれクリエイター人生は終わりなんじゃないか（始まってすらいないのに）と恐れたりもしました。

でも、結果的にそれが自分の名刺代わりの仕事にまでなってくれたのですから、人生わからないものです。その後、おしゃれな仕事は、まったくきていませんが……。

# 35 すごいと思う人のそばにいることで、自分のハードルを上げる。

「朱に交われば赤くなる」という言葉はネガティブな意味で使われることが多いですが、人は関わる相手によって良くも悪くもなるというのは本当で、これを利用しない手はないと思います。

自分の周囲や社内にすごいなと思う人や、おもしろいものをつくっている人がいたら、一度だけでもその人のチームに入ってみてください。それが難しければ、間近で仕事ぶりを見ているだけでもいいでしょう。とにかく、そういうチャンスがあったら、迷わず飛び込んでみてください。

なぜなら、自分には敵《かな》わない、あの人は天才だから……と思われているような人ほど、実は才能ではなく、陰で死ぬほど努力しているということを知ることができるからです。「この人でもこんなに考えて悩んでいるんだ！」という刺激を受けることができます。

そして、もう一つ大きいのは、その人たちが自分の仕事に設定しているハードルの高さを間近で見続けることで、自分自身の仕事に対するハードルも、つられてその人たちと同じ高さに上がっていくことです。

「この案件だったらこんなもんで十分だろう」という考えから、「こんなレベルではまだまだダメだ」という考えに変わっていくのです。

僕の場合、のちにワトソン・クリックという会社をつくった山崎隆明さんと中治信博さんのまわりで仕事ができた経験は貴重でした。金鳥のおもしろCMの数々や、ホットペッパーのアテレコCMなど、一見ふざけて適当に考えたようなCMをたくさんつくっている人たちです。

しかし、いざチームの中に入ってみると、その「ふざけて適当に考えたようなCM」に至るまでに、彼らが人に見せないところでめちゃくちゃ努力していることがわかりました。実際に考えている量や、手を動かしている量が半端ではないのです。あれを見たら、簡単に天才とか才能なんて口にしちゃいけないと思わされました。

「今日はずいぶん遅くなったな」と帰宅間際に会議室をのぞくと、山崎さんが苦い顔をして一人で企画を考えている。そんな姿を何度も見たことがあります。「あの人は天才だから」と言っていた人たちは、とっくに楽しく飲み

に行っている時間（むしろ飲んで帰宅して寝ているくらいの時間）にです。

広告代理店時代、いちばん優秀だと思われている人が、いちばん努力しているという姿をたくさん見てきたことは、今の働きすぎを否定するご時世的には良くないことかもしれませんが、僕の財産になっていると思います。

今ではたくさんのクリエイターの「制作秘話」や「創作論」が、ＳＮＳでの発言やメディアなどの表舞台で見ることができるので、それで十分と思うかもしれません。

ですが、つくり手側としては、予備知識なしでつくったものを素直におもしろがってほしいという気持ちもあるので、本当のリアルな姿はそこでは話してくれません。吐きそうな思いで苦労している、なんて話を聞いたら、素直におもしろがれないですからね。おもしろ系の作品なら、なおさらです。

だからこそ、間近でリアルな姿を見ておく経験が大切なのです。

ＱＯＬ（生活の質）優先で仕事をさせてくれる上司の下にいたときは、確かに平和で健康的な生活を送れました。しかし、日々、仕事を〝こなして〟

はいるけれど、自分のキャパシティがこれ以上広がっていかない感覚もありました。

「すごい人」の間近で仕事させてもらえる機会があるなら、できるだけ影響を受けやすく、のびしろも体力もある若いうちに飛び込んでおくべきだと思います。

# 36 若いうちに、自分のアイデアが捨てられる経験を積んでおく。

広告代理店に勤めていた新人時代、先輩プランナーの下について企画のアイデア出しをすることがよくありました。

なんとか採用されたいと、僕も前日に10案とか20案とか必死で企画書や絵コンテを描いて持っていくのですが、先輩はそれをバーッと流し読みするとポイと脇に置き、「はぁ〜、なんか良いアイデアはないもんかね」と、僕の企画案などなかったかのようにそこから雑談（からの企画会議）がはじまるのでした。

そして長時間に及ぶ会議を経て深夜に帰宅すると、翌朝までにまたどうにかこうにか10案ほど捻り出して持っていきます。するとまた流し読みされておしまい。それがプレゼン日まで毎日続くのでした。

それはまるで、先輩のアイデアの火種になにか火がつかないかと、ひたすら薪をくべていくような作業でした。アイデアを迎え入れるために火を焚《た》き続ける「迎え火」のように。

あの頃はただひたすら大変でしたが、今思うと、自分の出したアイデアが簡単に捨てられていく経験を積んでおいたおかげで、「自分のアイデアに固

執しない」という感覚が養われたように思います。

自分が考えたアイデアというのはとにかくかわいいもので、否定されると腹が立ちます。でも、否定されるにはそれなりの理由もあるわけで、それを受け入れた上で考え続けることができるようになったのです。

あまりに簡単に捨てられてしまうので、ちょっと良いと思っているアイデアは、いざというときのために気軽に出さずに取っておこうとしたこともあります。

しかしながら、そんなふうに保存しておいて、いざ使おうと久しぶりに机の奥底から出したアイデアが、驚くほど魅力のないものになっている、ということはよくありました。アイデアは腐るのです。時事的な鮮度もありますし、その当時の自分が良いと思っていたことが、自分の成長によって浅く感じることもあります。

とにかく、あの頃アイデアの数を出し続けた経験は、今の自分が企画を出すための筋肉になっているのは間違いないと思います。

しかし一方で、ある程度キャリアを積んで自分が矢面に立って企画をつくるようになったとき、その筋力では通用しないことも山のようにありました。どちらも考えるための筋肉ではありますが、とにかく数を出す、切り口を出すという筋肉と、一つのアイデアを深く掘っていくための筋肉は、短距離走を走るための速筋と、長距離走を走るための遅筋くらいに違ったのでした。

もちろんどちらの筋肉も大事ですが、振り返ってみると僕自身は、数を出すよりも一つのアイデアをどれだけ長く深く掘ることができるか、というつくり方のほうが得意だったみたいです。

以前、一緒に仕事をした放送作家の竹村武司さんが、「放送作家はボツ企画製造マシーン。会議で通るための一案のために40個のボツ案を出すのが仕事なんです」と言っていました。数を出すことが得意な人は、放送作家やプランナー的な働き方が向いているのかもしれません。

でも、たまに思います。今も日々、広告代理店やテレビ局などで出されるたくさんのボツ案のことを。

一つの競合コンペで採用される一案のために、各社から提案される選りすぐりの数案、そのためにプランナーたちが出す数十案ものボツ案。世の中に発表されている一つの表現の背後には、何百もの成仏できないボツ案の霊が浮かんでいるのです。

あなたが何気なく見ているＣＭや番組の後ろにも、ボツ案の霊が浮かんでいるのだと思うと、ちょっと見方が変わってきませんか？

そして、その何百というボツ案に注いだ労力をもし一案に注ぐことができていたら、もっとすごいことができたのではないかと、もったいなくも思ってしまうのです。

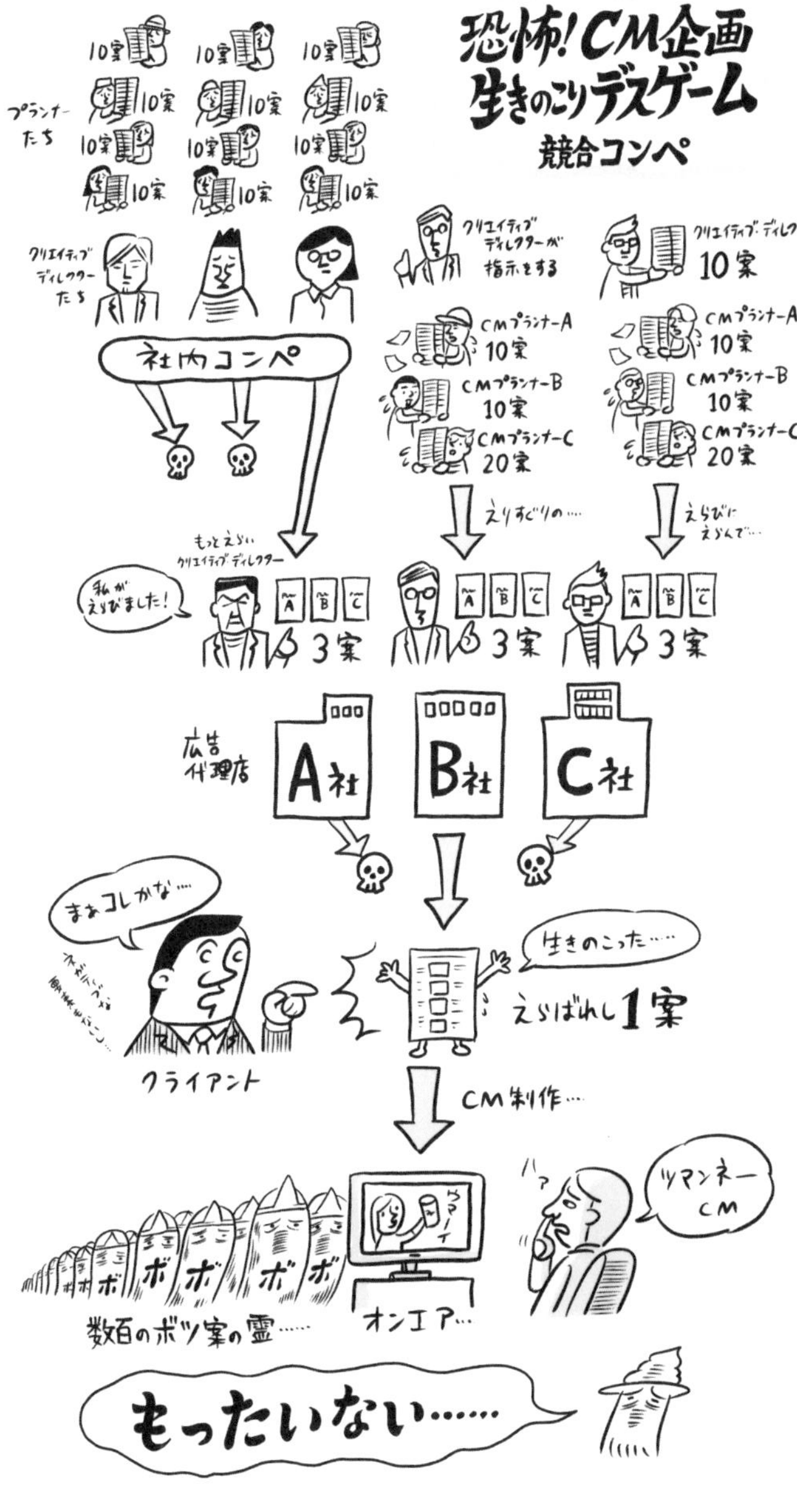
恐怖！CM企画
生きのこりデスゲーム
競合コンペ
プランナーたち
10案
クリエイティブディレクターたち
社内コンペ
クリエイティブディレクターが指示をする
クリエイティブ・ディレクター
10案
CMプランナーA
10案
CMプランナーB
10案
CMプランナーC
20案
えりすぐりの……
えらびにえらんで……
もっとえらいクリエイティブ・ディレクター
私がえらびました！
3案
広告代理店
A社
B社
C社
まぁコレかな……
クライアント
生きのこった……
えらばれし1案
CM制作……
ツマンネーCM
ハァ
数百のボツ案の霊……
ボ
オンエア…
もったいない……

# 37
# 恥ずかしくても、“愛嬌のあるしつこさ”でアピールし続ける。

アピールすることは恥ずかしいです。まだまだ実力も足りていないのにアピールするなんて……。僕自身、そう思っていました。「その程度のことでアピールするの？」と笑われるかもしれないくらいなら、実力がつくまで黙っていよう、とも。

一方で、誰かに見つけだしてもらいたい、という思いも人一倍ありました。目立たない存在だった自分を、伝説の天才コーチ的な人が見つけてくれて、「君は天才だ！」と売りだしてくれる。そんなスポーツ漫画のような展開を夢見ていましたが、もちろんそんなことはありませんでした。

考えてみれば当たり前です。売れっ子のクリエイターなんて、みんな自分のことで忙しいに決まっています。暇な新人に絡んでくれるのは、同じように暇を持て余した人だけです。

でも、だからこそアピールは重要です。対外的にも、社内的にも、自分はこんなことができます、こんな仕事をやりたいです、というのを明確にわかってもらう必要があります。

オマエ…映像のセンスあるぜ…
伝説の天才映像コーチ!!
ザッ…

新人の頃、僕がアピールに使った場の一つは、社内掲出物でした。局内の宴会の告知のチラシを、「お前、Illustrator使えるなら適当につくっておいて」とよく頼まれたのです。ポスターですらなく、プリンターでA４に出力して会社の掲示板に貼るような適当なものでした。

たいていの人は、Wordなどでつくった適当なフォントで「○月○日　クリエイティブ局宴会」といった最低限の情報を書くだけ。それを僕は、「バカな絵づくりができますよ！」というバカなデザインに特化して、社内の人たちにアピールしようとしたのです。

まあ、その中身は、局長の顔をコラージュしていろいろな髪型にしたりと、ただただバカバカしいものでしたが、内容は問題ではありません。たかだか社内掲示物になんでそこまでやるのか、という熱量で、誰かの目に留まることが重要でした。

その結果、「アホなポスターつくるヤツがいるぞ」と山崎隆明さんら金鳥のおもしろCMをつくっている人たちの目に留まり、徐々に仕事のチャンスが増えていったのです。

今でも、自分のつくった作品はＳＮＳなどで積極的にアピールするようにしています。性格的にはまったく向いていないのですが、他人はそれほど自分には興味がないものですから、少しでも見てもらうためには積極的に発信していくしかないのです。

スタッフにも告知や宣伝を勧めるのですが、みんな鍵アカウントや匿名アカウントにしていて、なかなか消極的です。リスクもあるので仕方ない部分もあるとは思いつつも、もったいないなと思ってしまいます。

作品が良ければ、自分でアピールしなくても誰かが認めてくれるはず、と思うかもしれません。でも、これは〝伝説のコーチがいつか見つけてくれる理論〟と一緒です。発信していなければ伝説のコーチも見つけてくれないのです。

余談ですが、大学時代、有名ＣＭディレクターの中島信也さんの授業で「キミいいね！　うちの会社きなよ！」と言われたことがあります。「俺もついに伝説のコーチに見つけられた！」と調子にのって広告業界に入ったので

すが、あとから聞いたら「生徒の中で唯一遅刻しなかったから良いと思った」というセンスもなにも関係ない理由だったことがわかりました。案外、常識的なことが当たり前にできるというのも大事なようです。

同じように、自分のやりたい企画がなかなか通らないときは、1回出してダメだったからとあきらめるのではなく、同じ企画をしつこく出し続けるアピールも大切です。

というのも、企画を選ぶ側、採用する側にも実は絶対的な基準があるわけではなく、そのときのタイミングや気分に左右されていることが多いからです。何回も出し続けることで、前回めちゃくちゃ否定されたはずの案が、スルッと通ることもあります。決してあきらめるべきではないのです。

もちろん、ただやみくもに提案し続ければいいというわけではありません。同じ構造の企画でも、毎回、案件によって見た目や設定を変えてみるとか、しつこさにも工夫を凝《こ》らしてみましょう。「わざわざこんな手間をかけてでも、この企画をやりたいのか」とクライアントや上司をあきれ笑いさせるくらい、〝愛嬌のあるしつこさ〟を目指すのです。

　僕自身も、毎回出し続けてはボツになり、三つ目のクライアントでようやく陽の目を見た企画があります。愛嬌のあるしつこさで、熱意と執念を伝え続けることで、自分のやりたい企画が通ることもあるのです。

# 38 仮想ライバルを恥ずかしいほど高く設定する。

自分の今後を考えるとき、それっぽく言えば〝キャリアプラン〟を考えるとき、ロールモデルや仮想ライバルと呼べる人物を設定すると、自分への発奮材料になっていいと思います。そんなとき、たいていは会社の同期や売れている先輩、尊敬できる上司などを設定しがちです。

それはそれでいいのですが、狭い社内や業界内の人間をライバルにしたところで、死ぬほどがんばってその人よりちょっと上になれるだけ。なので、おこがましいほど過剰に高い目標を設定することをおすすめします。〝おこがましいほどの上〟を狙って、やっと〝そこそこ〟のところを達成できるものなのです。

僕自身を振り返っても、たとえば広告賞に応募する際、最初から銅賞あたりを狙っていては入賞すらせず、「これはグランプリだろう！」という出来を目指すくらいがんばって、ようやく入賞レベルに達する、という感覚があります。

つまり、人に言えないほど恥ずかしい相手をライバルに設定するくらいでちょうどいいのです。僕の場合、臆面もなくスピルバーグやタランティーノを勝手にライバル視して、日々勝手に敗北感に打ちのめされています。そう、スピルバーグを想定ライバルにしてもこんなものなんです。本当にすみません。

ちなみにこれは公言する必要はありません。社内でやたら高い理想を振り回す変な人になってしまいますからね。広告代理店時代、「広告でノーベル賞を獲りたい」と豪語していた後輩のT君は、みんなに茶化されてしまっていて可哀想だったので、こういうことは自分の中でそっと思っておけば良いのです。

そんなふうに、とんでもなく高いところにライバル（目標）を設定しておくと、その差がめちゃくちゃ開いているのでとうてい追いつけません。だから直すところが無限に出てきます。自分の良くないところ、足りないところがいくらでも見つかるし、いつまで経っても「まあ、これでいいか」と妥協できることがありません。しかし、だからこそ常に改善と成長を目指せるような気がします。

そんなしんどい思いをしなくても……とも正直思いますが、僕はそのほうがなにかをつくる上では健全な状態だと思っています。そもそも、人間どうしても自己評価は甘くなってしまうものなので、自分が思っているより他者からの評価はずっと低かった、なんてことは多々あると思います。

これくらいに思っておくくらいで、ようやくちょうどいいのです。

『TAROMAN』をつくっていたときは、ほぼ同時期に公開予定であった『シン・ウルトラマン』を勝手にライバルとして意識していました。『シン・ウルトラマン』はおそらく最新の技術と、現代の世界観で、昭和特撮を描いてくるだろう。だったらこちらはその逆で、昭和の特撮技術で、昭和特撮の世界観を現代に再現しよう……などとまじめに議論し、真剣にライバル視して制作していました。

制作規模、知名度ともに、おこがましいにもほどがあります。でも、問題は追いつけるかどうかではないのだから、これでいいのです。

分不相応な高さを狙って、
ようやく、いつもよりも
ちょっとだけ上にいけます。

# 目線の高さ

重力で自分がおもっていたよりも
下に落ちてしまいます。
この場合の重力は、作る過程での
トラブルや圧力、自分の実力など…

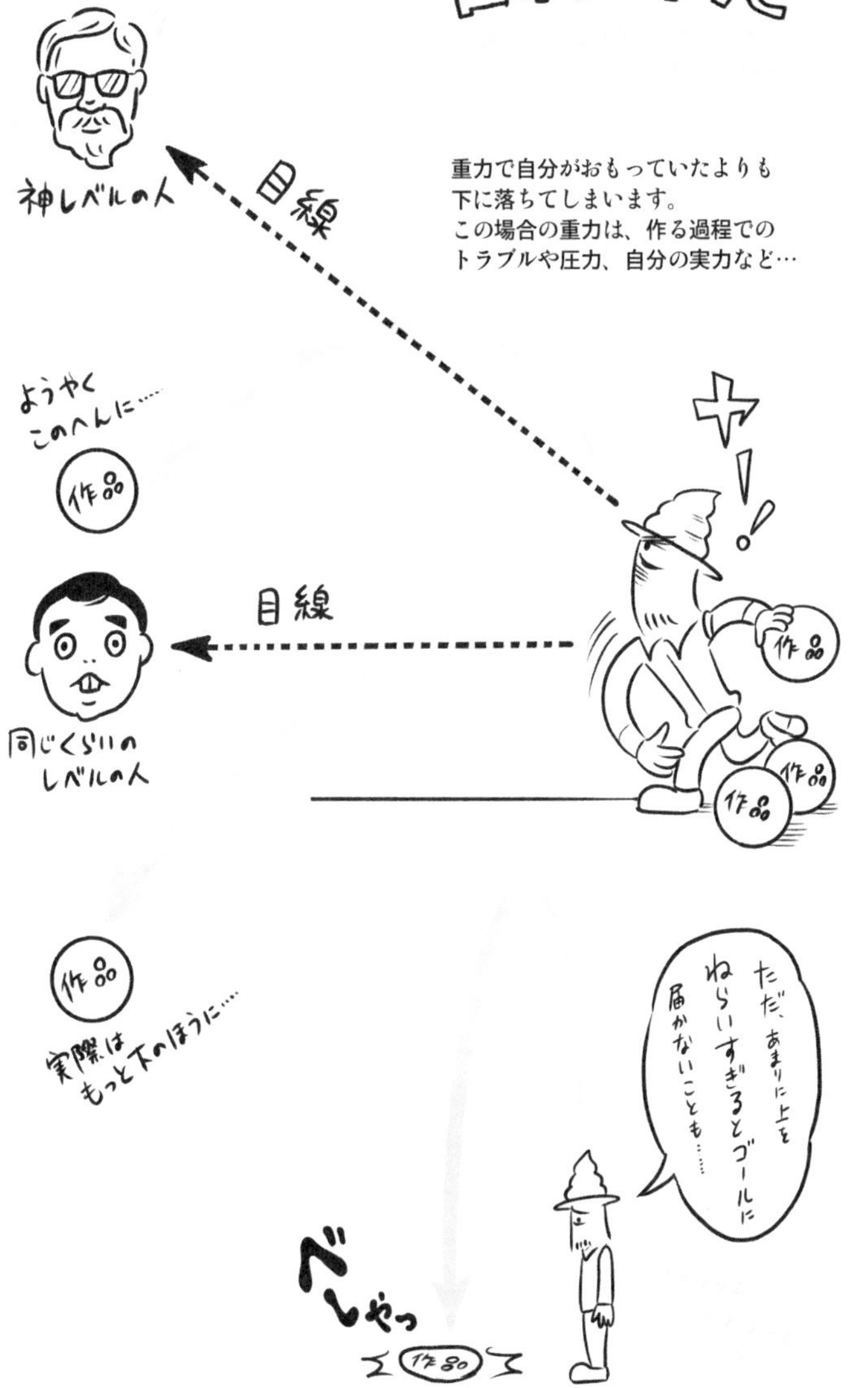

神レベルの人
目線
ようやく このへんに…
作品
ヤー!!
作品
作品
作品
目線
同じくらいの レベルの人
作品
実際は もっと下のほうに…
ただ、あまりに上を ねらいすぎるとゴールに 届かないことも……
べしゃっ
作品

# 39

# 人脈づくりより一本でも多く名刺になる作品をつくる。

「人脈」というのは不思議な言葉です。人との繋がりなら誰でもある程度は持っているはずなのに、「人脈」という言葉にした途端、仕事をする上で必要不可欠な武器や財産に変貌し、自分からつくったり取りに行かなければならないものであるかのように錯覚してしまいます。

僕自身も、若い頃はいわゆる〝人脈づくり〟をしなければと思って、著名クリエイターである上司について行き、現場や受賞パーティーなどで業界の人との関係をつくろうとしたこともあります。

しかし、そこで名のある人に紹介されたところで、僕は所詮「○○さんの部下の人」でしかありません。結局、そこで紹介されたことがきっかけで仕事に繋がったことなんてありませんでした。

人脈のための人脈や、つくろうと思ってつくった人脈は、結局役に立たない。それが僕のたどり着いた結論です。理由は簡単で、いくら名刺や連絡先を交換したところで、どんなものをつくっているかもわからないヤツと、人は関係を続けようと思わないのです。

しかし、つくっているものが名刺になって仕事が生まれることはあります。TVプロデューサーの佐久間宣行さんからの依頼は、まさかのSNSのDMからでした。以前、広告賞の審査会でご一緒したこともあるのですが、お互い人見知りなこともあり連絡先の交換すらしていなかったのですが、僕のつくっているものを見て、ぜひ一度と連絡をくれたのです。

僕の場合、自分のつくったものをおもしろがってくれた人以外で、仕事に繋がる人脈はできませんでした。若い人が人脈をつくりたいなら、謎の異業種交流会に行くのもいいですが、一本でも多く自分の名刺となる作品をつくったほうがいい。それを見ておもしろがってくれる人がいたら、その人が自然と人脈になっていくはずです。

それから、お互いが作っているものに興味があって発生する関係性は、自然とその先に繋がっていく場合が多い気がします。SNSはそのためにやっている側面も大きいです。

いずれにしろ、自分の仕事を見て集まってくれた人との繋がりを大事にしたいものです。

これは、自分の制作チームのスタッフを選ぶときも同じです。その基準は、自分の企画やアイデアを楽しそうにやってくれるかどうか。どれだけ優秀な人でも、自分がおもしろいと思っているものに興味がない人と仕事をすることは、結果的にうまくいかなくなることが多いです。

とくに映像は、たくさんのスタッフの手を借りないとつくれないからこそ、彼らにはやって損したと思われたくない。だからこそ、みんながやって良かったと思えるおもしろい企画やアイデアを出すことが、毎回のプレッシャーであり悩みどころなのです。

そんなこともあって、僕は仕事の本数が非常に少ないです。一般的なCMディレクターであれば年間30本程度は手がけているかと思いますが、2023年に僕のつくった作品は6つ（広告3本、番組1本、本2冊）でした。もちろんコンテンツとCMでは尺も違いますが、それにしても日々これだけ忙しくしてるつもりなのに、ビックリします。これでは儲からないわけ

です。

しかし、仕事の案件数こそ少ないけれど、一つ一つを全力でやることで、その仕事が次の仕事を呼んできてくれるようにする、ということは常に意識しています。作品が名刺になって舞い込んできた仕事は、「人脈」でやってきた仕事よりも、「肩書きや受賞歴」でやってきた仕事よりも、ずっとおもしろくなるはずです。

僕は性格的に、簡単にできる企画、簡単につくれる案件というものはなく、さらには予算が多くても少なくても結局かかる時間はさほど変わりません。

独立した当初は、条件が悪い案件や、縛りの多い案件、低予算の案件はサクッと終わらせて数をこなそうと思ってがんばったこともありますが、結局それが自分にとっては逆にストレスになりました。簡単にやってしまおうと思った案件も、はじめるとそれなりにこだわりが生まれてしまい、時間がかかってしまうのです。

60点の仕事を10個同時進行するのではなく、100点を目指すものをひとつずつやっていく。それしか今の僕には難しいようです。

ただ、それだとせっかくいただいた仕事を断る必要が出てくるので、非常に怖いことでもあります。今でも仕事をお断りするときは、僕なんかが偉そうに断ってしまって、今後仕事がこなかったらどうしよう、と変な汗が出ます。

でも、自分がワクワクできる要素があるかどうか？　そこを譲ってしまうと、すべてが台無しになってしまう気がするのです。

# 40

# 突出した武器や強みがなくても、「まあまあできる」をかけ合わせればそれが個性になる。

セルフブランディングの基本は、自分だけの強みを見つけること。どの仕事術の本にも、たいていは「自分の武器を探せ」とか「自分の個性を伸ばせ」とか書かれています。もちろん正しいのですが、一方でそれができたら苦労しないよ、とも思ってしまいます。

だって、それ一本で他の人と差別化できるような突出した武器や強みなんて、そうそう持てるものじゃありません。それってちょっと最初のハードルが高すぎやしないでしょうか。

だったら僕は、100点満点の強みを一つ探すよりも、70点くらいの「まあまあできる」くらいの武器をいくつか持っておくことをおすすめします。一つ一つは70点そこそこの技術でも、それをかけ合わせることで独自の作風になるからです。

僕は、美大生だった頃から〝変な絵づくり〟をするのは得意でした。しかし、電通に入ってその自信はあっさりとへし折られます。そもそも広告業界におけるアートディレクターとは、ビジュアルの絵づくりを考える仕事。自

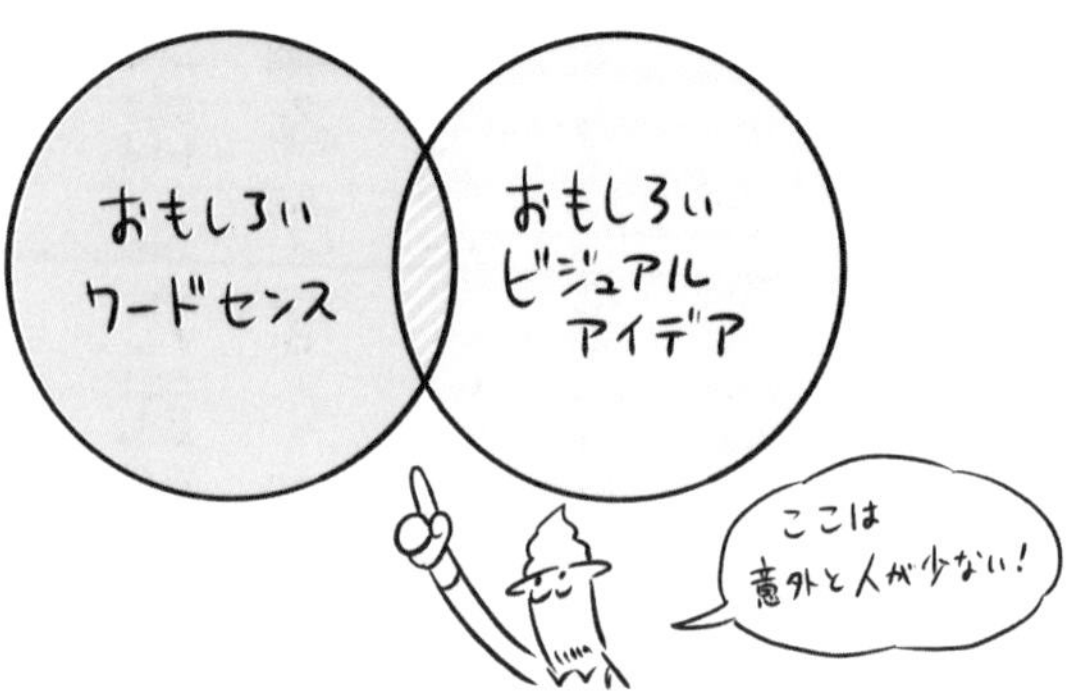


分より優秀な人なんて山ほどいたのです。僕はたちまち〝その他大勢〟の中に埋もれてしまいました。

そこで僕を変えてくれたのが、大阪の金鳥チームの人たちとの仕事でした。僕はそこで、おもしろい言葉のニュアンスやセリフ回しを考える訓練をさんざんやりました。それまで自分は絵をつくれればいい、コピーやセリフは誰か他の人が考えてくれればいいと思っていましたが、言葉のセンスをイチから叩き直されたのです。

その結果、〝おもしろいビジュアルアイデア〟と〝おもしろいワードセンス〟、どちらも自分で出せることが僕の個性であり作風になったように感じます。どちらか一方だけで勝負していたら、きっと誰にも勝てなかったでしょう。

僕の場合、自分でイラストを描いたりアニメーションをつくったりできるのも大きな強みになりました。とはいえ、それだって「まあまあできる」程度のレベル。当然ですが、その道のプロフェッショナルにはとてもかないません。

しかし、おもしろCMをつくる監督で、自分でアニメーションまでつくれる人はいませんでした。だから、限られた予算でも自分で手を動かすことで『造船番長』のようなCMをつくることができました。

『TAROMAN』にしたってそうで、岡本太郎の作品を特撮映像化しようというアイデアは、けっこうな人が思いつくものだと思います。

けれども、それを企画として成立させようとする代理店的な経験値と、実際に実行するまでのクラフト的な能力や映像ディレクター的な経験値。それを両方できる人があまりいなかったからこそ生まれたのだと言えます。

どちらの能力も、本職の人ほどではない「まあまあできる」レベルだとしてもです。

どんな経験であれ、たくさん積んでおくと、それが思わぬところで武器になることもあります。僕の場合、若い頃にお堅い企業の案件や、ありきたりなCMやグラフィックをたくさんつくってきた経験も大いに役に立ちました。

そのおかげで、リアリティのあるＣＭ風のロゴがすぐつくれるようになったし、ＮＨＫ Ｅテレの『オドモＴＶ』という番組で、子どもの宝物をＣＭにするという企画をやったときも、過去につくったベタなＣＭフォーマットの蓄積を活用することができたのです。

一つの突出したスキルや才能がなくても、できることをかけ合わせることでそれが個性となり、他の人にはできない仕事ができるようになるかもしれません。

# 41

# どんな仕事も、最初は〝できるフリ〟からはじまる。

僕は監督だけではなく、アニメーションも特撮も小道具づくりも、なんでもそこそこできるような雰囲気を出していますが、実際にはどこかで習ったわけでもなく、すべて〝できるフリ〟からはじまっています。そうしないことには自分には出番が回ってこないからです。

そもそも、広告代理店の一プランナーだった僕は、監督をやる権限も、自分でアニメーションをつくる権限もありませんでした。代理店ではなるべく実作業は外注して、仕事の数を多く回すことが求められていたのです。何度も自分でやりたいとは言っていましたが、「そういうのはプロに任せなさい」とたしなめられていました。

イラストを自分で描きたいと思っても、プレゼン用のイラストや、イラストレーターさんに発注するためのイラストのような、世に出ないラフのイラストばかりを描く毎日でした。

そんなときに、ポスター制作の仕事で同じようにプレゼン用のラフのイラストを描くタイミングがありました。カタチにならない仕事にモヤモヤしていた僕は、使われなくてもいいから一度本気で描いてやろうと思い、自宅で美大時代の絵の具を引っ張り出して、簡単なラフではない、ちゃんと描き込んだイラストのポスターをつくりました。

営業からは、こんなに描き込んだら時間のムダだろう？ と軽く怒られもしましたが、プレゼンしたとき、クライアントが「この絵でいいんじゃない？」と言ってくれました。そこから、僕のできることに「イラスト」が加わりました。

もちろん、これは上手くいったから良かったものの、ムダになってしまった本気アピールもたくさんあります。その経験も今ではスキルが伸びたから良かったと思うようにしています。

そんな感じで、アニメの制作の仕事があれば「僕、つくれます」ととりあえず言ってから冷や汗をかきながらつくり方を学んでは、なんとかカタチにするということを繰り返してきました。心配性のネガティブ気質をフルに発揮して、とにかくやり方を調べてはストップモーション・アニメ（コマ撮り

アニメ）や実写の演出まで手がけてきました。

あるときには「ドラマ撮れますか？」という依頼までありました。CMの監督すらろくに場数を踏んでいないのだから普通は断るべきだったのかもしれませんが、「はい、大丈夫です！」と即答してしまいました。引き受けるときだけは瞬間的にポジティブになってしまうところが恐ろしいものです。

もちろん知識も経験もないので、本やネットでとにかく調べたり、経験のある知人に聞くなりして、心配事はできるかぎり解消してから向き合います。しかし、実際には事前に調べたことなんか机上の空論でしかなく、僕の経験不足ゆえに演者、スタッフからの不満が続出しました。終わる頃には「もう二度とやりたくない……」と思うまで打ちのめされていました。

しかし、その手痛い経験が確実に糧となり、次に似たような仕事のチャンスがきたときは、おどろくほどスムーズに進めることができました。

そうやって、〝できるフリ〟をしてはひどい目に遭うことを繰り返して今に至るのです。

もちろん、仕事の工程では関係各所からボコボコにされながらも、仕上がりだけは〝少なくとも及第点〟にしなければ、次のチャンスはもらえないので毎回必死です。それでも、いつおもしろそうなチャンスがきても、堂々と手をあげられる人でいたいと思っています。そして、打席に立ったときには〝できるフリ〟をしていきたいです。

今でも実は、監督という立場にもかかわらず現場ではわからないことだらけです。撮影開始の「よーい、スタート!」のタイミングすら、これで良いのか不安に思いながら日々現場に出ています。

# 42 「本歌取り」でも、極めれば一流になる。

映像の世界観をつくり込む上では、さまざまな既存の世界観をモチーフにすることが多いです。

そんなとき僕は、単純なパロディにするのではなく、架空の世界観を構築するように心がけています。存在しないものをまるで存在するかのように見せる、いわゆるシミュラークル的な作り方というやつです。目指すべきはディズニーランドのような〝ホンモノのニセモノ〟です。

滋賀県の『石田三成CM』でいえば、なにか特定のCMをパロディするというよりも、あくまで〝昭和のローカルCM〟の質感や空気感を抽出して、子どもの頃に見たような気がするけど実際は見たことないような映像をつくろうとしました（一部例外はありますが）。

『TAROMAN』も、造形こそウルトラマンのパロディ的ではありますが、あくまで〝昭和の特撮ヒーローもの〟というジャンルや概念を記号化した世界観を再現しようとしています。

そうするためには、過去の作品などを徹底的に調べ、自分の血肉にした上

流行りの動画を
そのまま元ネタにつかうのは
流行りのギャグを
学校でマネして
ウケている男子みたいなものです。

で、さらに一度忘れて、その世界観やエッセンスだけを抽出するような手間のかかるつくり方が必要になります。

そんな手間をかけなくても、素直なパロディのほうがウケるしいいじゃないかと思われるかもしれません。実際、僕も安直なパロディネタをつくることだってあります。でも、ただのパロディはつくり手の筋力が弱くなってしまうリスクがあるのです。

なぜなら、ネットでバズった動画の要素を入れ替える、みたいなパロディは、〝おもしろさの軸〟を人任せにしているからです。確かに、そういうやり方で企画をつくるのは量産がラクだし、みんなもおもしろがってバズるから広告効果も出やすいです。

でも、そのパロディ企画でもっとも偉いのは、パロディにされる元ネタをつくった人です。いわば、おもしろさの手柄を人から盗んでいるようにすら思います。そういうつくり方を続けていると、流行りものを追いかけるだけの人になってしまうでしょう。その上、流行を追いかけるゲームは年齢が上がるとどんどん難しくなります。

僕自身、流行りの時事ネタをなんとなく入れてみたところ、スタッフのウケもよく、つい入れてしまうことがあります。でもやはり、できる限り避けたい。流行りものであればあるほど、瞬間風速こそ大きいですが、耐用年数は短くなってしまうからです。せめて、翌年見たら恥ずかしくなりそうな流行りの表現は入れないようにしています。

パロディは、つくり手側がマネする対象をおもしろがっているのが透けて見えるものですが、僕が目指しているのは、架空の世界観ごと実際にあるようにつくり込むことです。

極論を言ってしまえば、その世界観の中の人は笑わせるつもりなどなくて、本気でまじめにそれをやっているだけ。それなのに、土台となる世界観が変だから、その中で行われていることがすべておかしく見えてくる、というのが理想です（98ページのイラスト参照）。

そこで必要になってくるのが、リアリティラインの調整です。

う〜ん
この世界の中では
何がリアルなのか？
CGは70年代の設定だから
つかえない…
当時は音声の現場の録音が大変
だったのでアフレコにするのが
リアルか…
文字はフォントより
手書きにしないと…


その世界の中では何がリアルで何がリアルでないとされているか、という設定のつくり込みの細かさは、シリアスなものをつくるときに重視されがちです。

しかし、それと同じくらい、いやそれ以上に、バカバカしくてでたらめなものをつくるときこそ、リアリティラインの調整は大事だと僕は思っています。

それはつまり、「その世界観の中ではなにがおもしろいのか」をきちんと規定するための作業だからです。

それだって、結局は先人のマネごとじゃないか、と言われたらそれまでです。確かに、僕がしている「世界観づくり」という作業は、それまで積み重ねられてきたパターンから要素を抽出し、記号化すること。元ネタありきの「本歌取り」なのかもしれません。

しかし、僕の作風を指して「本歌取りも極めれば一流になれる」と言ってくれたのが糸井重里さんです。

糸井さんは、作家の橋本治さんを引き合いに出して説明してくれました。橋本さんは、『枕草子』や『百人一首』といった古典を、80〜90年代当時の若者言葉で訳すという仕事をしました。単純に現代語訳するのではなく、若者しか使わない言葉で訳すことでオリジナリティを生みだしたのです。

そして「本歌取り」とは短歌にまつわる言葉で、有名な古い歌＝本歌を取り入れて歌をつくることですが、このことからも、昔から人間は元ネタを使って創作していたことがわかるでしょう。

忘れてはいけないのは、元ネタをそのままトレースすると単なるパロディに終わってしまうということ。だから「本歌取り」の「取り」＝「アレンジ」の部分を怠ってはいけません。

広告業界で働いてきた僕にとって、「取り」の大切さを忘れないでいられたのは、常に「クライアントの抱える問題点」を意識していたからかもしれません。

橋本治さんの例で言うと、「古典は読みにくいので売れない」というのが問題点です。どうすればその問題点を解決できるかという問いに対して、橋

本さんは「現代の若者言葉で訳す」という回答を出し、見事な作品を生み出したわけです。古典を若者言葉でアレンジしたことで、新しい価値を生み出したのだと思います。

元ネタはとても大切だけれど、それにあぐらをかいていてはいけません。元ネタをどうやって昇華させるかが、つくり手の腕の見せどころです。

過去のおもしろいものの歴史を無視して、まったく新しい独自のオリジナリティを生みだすなんてできっこありません。

だけど、そこであきらめず、それをわかった上で、過去のおもしろいものをどう組み合わせたらよりおもしろくなるか、練れば練るほどちょっとでも違うものになるんじゃないかと粘ることが大事なのだと思います。

そして、やがてはそれが自分のオリジナリティになっていくのかもしれません。

# 43 うらやましくても「早く売れる」を目指しすぎない。

とかく若い頃は、早くに作品が話題となって名前が売れたり、30代のうちに独立して個人事務所を構えたりするような同期を羨ましく思うものです。自分も早く売れたくて仕方ありませんでした。

東京では20～30代のうちにクリエイティブディレクターとして独り立ちして売れっ子になる人が少なくありません。対して、関西の僕らがいたチームは、40代になってやっと一人で仕事を任されるような風土があり、遅咲きの人が多かったのです。

先輩からは何度も「焦る必要はない」と言われていたものの、まわりが売れていくのを見ると焦ったし、40代になってからじゃ自分自身の気力や体力が枯れてしまっているんじゃないかと不安だったのを覚えています。

でも、結果的に僕は、早いうちに売れてしまうことなく、遅咲きの企業風土のチームで育つことができてよかったと思っています。

なぜなら、若いうちから売れたり独り立ちした早咲きの人ほど、急にメンタルがポキっと折れてしまうケースをしばしば見てきたからです。そうでなくても、「仕事に飽きがきた」と言って突然農業など他の業種に鞍替《くら》えをしたり、中にはスピリチュアル系の変な方向に行ってしまう人も少なくない印象があります。

おそらく若いうちに早く伸びすぎると、そのぶん細く折れやすい幹になって、雨風に打たれ弱くなってしまうのだと思います。

本来、無名のうちにいくらでもできたはずの失敗経験も、早咲きの人は周囲に注目されている中での失敗になってしまう。才能はあっても経験が追いついていない状態であらゆる判断を求められるなど、打たれ弱くなってしまう理由はたくさんあります。

その点、遅咲きの人は、ベースとなる太い幹をじっくり育てることができたぶん、いざというときに折れにくいのです。

今はむしろ、十分に足腰を鍛えた40代になってから独立してよかったなと思っています。だから、あなたも「早く売れる」を目指しすぎないほうがいいでしょう。太い幹を育ててからのほうが、きっと長く強く根を張っていられるはずです。

大学で授業を受け持っていたときに、「まわりの人が20代で結果を出しているのに、私はなにもできていない……」と嘆いている生徒がいました。そこで、「僕が20代でつくったもの、一つでも知ってる?」と聞いたところ、彼女は「……なんにもないですね!」と笑顔になりました。

なんだか悲しいですが、そんな僕でもなんとかやれているので大丈夫です。

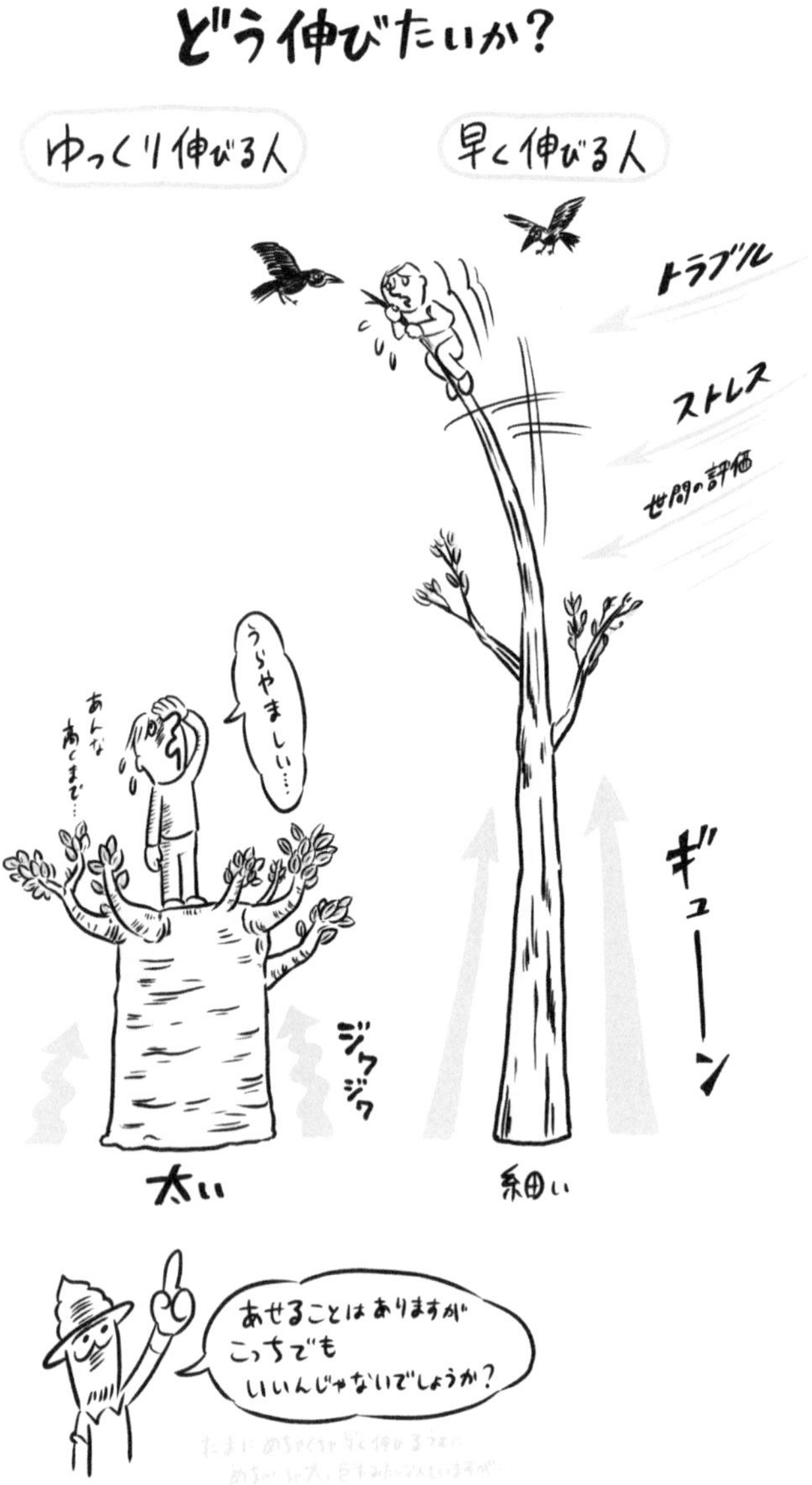
どう伸びたいか？
ゆっくり伸びる人
早く伸びる人
トラブル
ストレス
世間の評価
うらやましい……
あんな高くまで…
ジワジワ
ギューン
太い
細い
あせることはありますが
こっちでも
いいんじゃないでしょうか？
たまにめちゃくちゃ早く伸びるうえに
めちゃくちゃ太い巨木みたいな人もいますが…

# 44

# 結果が出なくても腐らない。伸びる時期は急にやってくる。

なんでこんなにがんばっているのに結果が出ないんだろう？　なかなか成長しないんだろう？

そんなネガティブな気持ちになることは誰しもあると思います。かく言う僕もしょっちゅうです。

普通、努力の量に正比例して実力も上がり、結果もついてくると思いたいですよね？　ところが僕の実感では、努力をしているのに結果が出ない期間がかなり長い間続き、あるタイミングで急に成果が一気に出る。キャリアってなぜかそんなふうに進んでいくことが多いのです。

停滞、停滞、停滞、急上昇、また停滞、停滞、停滞、停滞、急上昇。

言うなればこんな感じ。右肩上がりの一直線ではなく、階段状に伸びていくイメージです。しかも、踊り場がかなり長め。

でも、子どもの頃を思い返すと、自転車や逆上がりの練習なんかもそうじゃありませんでしたか？　転んでも転んでもうまくいかなかったのに、ある日突然、謎のタイミングでスーッとできるようになったり。

実は、クリエイティブの世界も同じです。ある日急に、企画ができるようになったり、デザインが上手くなったりするのです。それに、能力だけでなく、世間からの評価もじわじわと上がっていくわけではないのです。あるとき、急にグッといろいろなところからの評価が変わります。

不思議なことに、広告賞などのアワードも、佳作、銅賞、銀賞……と順番に獲れるのではなく、それまで箸にも棒にもかからなかったのが、あるとき突然に金賞やグランプリ、なんてことがあるのです。

ただし、難しいのは、いつ、どのタイミングで急に上がるかがわからないということです。そのせいで、もう少しその路線で粘ったらおもしろくなりそうなのに……と思っていた後輩のつくり手が、そのまま腐ってあきらめてしまう姿をたくさん見てきました。

僕自身も20代後半から30代前半くらいの長い期間、この階段の次の段が見つからず、ずーっと踊り場を水平に歩いていたような感覚の時期がありました。とにかくがんばってはいるものの、世間的にも自分的にも伸びている実感がまるでない暗黒期でした。

ですから、粘るのをあきらめてしまった人たちの気持ちも痛いほどよくわかるのです。続けた人の話を聞いても、生存者バイアスだと言われたらそれまでですし、僕自身、僕は続けていて良かった、としか言えません。まさに「夜明け前がいちばん暗い」のです。

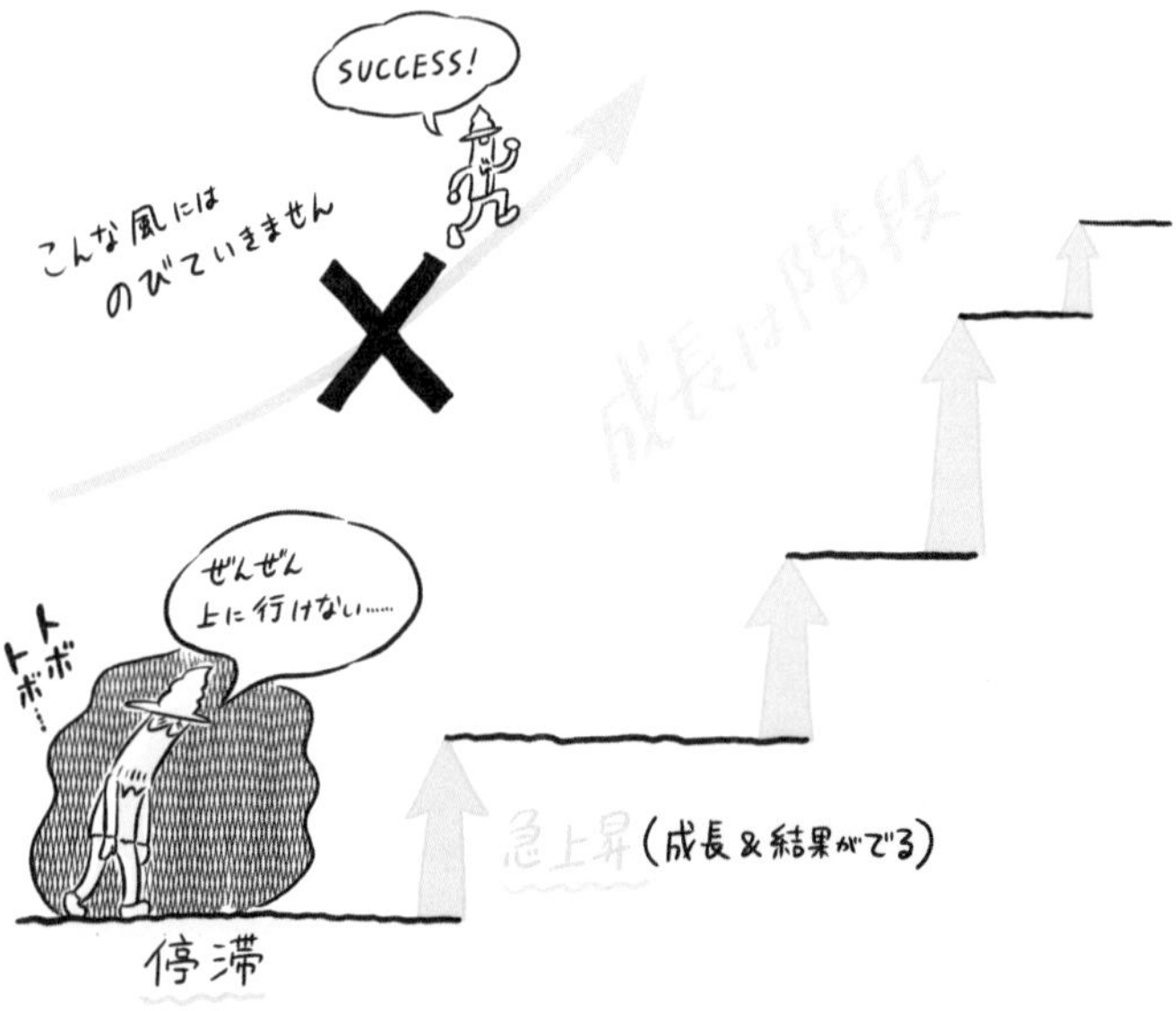
SUCCESS!
こんな風には
のびていきません
成長は階段
ぜんぜん
上に行けない……
トボトボ……
急上昇（成長＆結果がでる）
停滞

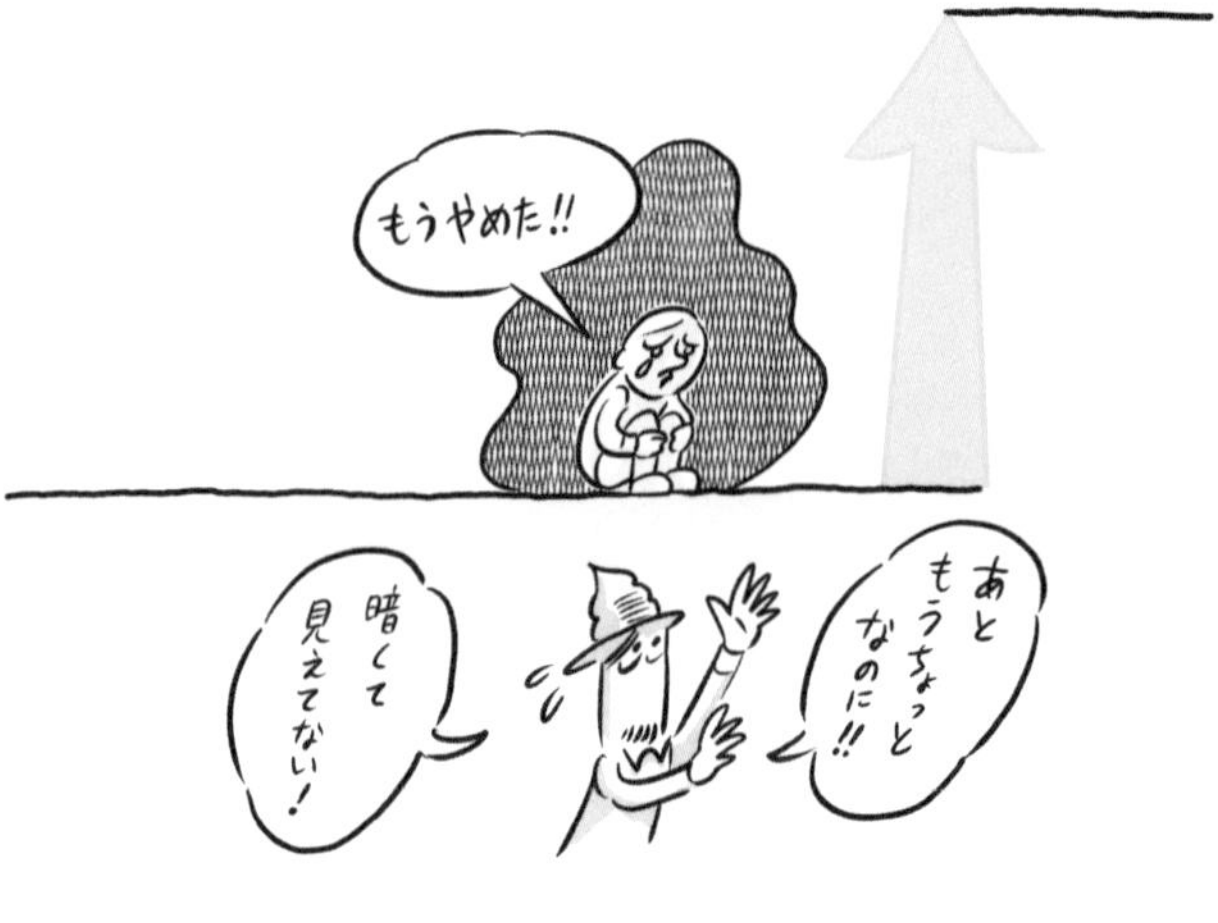
もうやめた!!
あと
もうちょっと
なのに!!
暗くて
見えてない!

# 45 苦手や弱点を素直にあきらめることで、個性が生まれる。

あなたは監督だけじゃなくてアニメーションやら企画やら、あれもこれもできてなんだか器用な人ですねえ、とたまに言われます。でも実際のところ、僕はみんなが当たり前にできることが、あれもこれもできない人間です。

小さなことでは、あぐらがかけない、口笛を吹けない、風船ガムを膨らませられない、指を鳴らせない、球技ができない、といったことから、車の運転ができない、片づけができない、領収書をまとめられない、規則正しい生活ができない……など生活に不具合が起きるレベルのことまで、できないことのオンパレードです。

事務処理や、スケジュール管理などもまるで得意ではありません。もともと会社員なので、それなりにはがんばったらできるのですが、そういった業務は極力スタッフにお願いするようにしています。僕がエクセルをぽちぽちしながら10時間かかる事務作業が、得意な人なら1時間で終わってしまうのですから。

そのぶん、外注したら10時間かかるデザイン作業を僕が1時間で終わらせることで取り返すほうが効率が良いはず……と自分に言い聞かせながら、苦手ないろいろから逃げ回る毎日です。

自分の苦手なことや弱点を克服するために努力をするのはもちろん大事なことですが、いざ仕事となった場合、いくらなんでも人の10倍かかるような苦手分野はどこかであきらめるのも大事な気がしています。それよりも、自分に向いていることを伸ばすほうがずっと効率が良いと思うのです。

とはいえ、自分に向いていることを探す、というのもなかなか難しいものです。わかりやすいのは「やっていて苦にならないこと」「人より上手にできること」の二つだと思います。その二つさえあれば、苦にならないから上手になり、上手だからこそ苦にならない……と、どんどん相互に作用して上達していくからです。

地方の無名のクリエイターだった僕は、〝変なものばかりつくっている人〟というポジションに自分をなんとか持っていくためにも、「できないこと」と「やらないこと」を決めました。それをあきらめることで、そのぶんのエネルギーを〝変なものをつくる〟ことに注ぎ込みたかったのです。エネルギーは無限ではないからこそ、集中させたほうが良いと思ったのです。

「できないこと」は前述のような事務作業や管理業務ですからあきらめもつきやすいですが、「やらないこと」を決めてしまうのは恐ろしいことでした。

僕の場合、「競合コンペ」「おもしろいを求められていない仕事」「自分が矢面に立たない仕事」などを「やらないこと」に決めました。他にも表立って書けないこともいろいろあります。これらは、仕事のチャンスを逃してしまうリスクと隣り合わせ。これで仕事がもらえなくなったら、と思うと恐怖でくらくらします。

それでも、多少偏ってでもいいから、一度「この人はこういうのをつくる人なんだ」というイメージを確立させることが、セルフブランディングになるのではないかと思っています。

意図的に得意なことだけに特化するのが、結果的には自分を形づくってくれるのです。

46

# あえて〝変な汗〟をかきそうな仕事に飛び込む。

モチベーションと経験値は反比例していく、と思っています。

歳を重ねれば重ねるほど経験値は高くなり、本来できることの幅は広がっているはずです。しかし、実際はそのぶん仕事に新鮮さを感じなくなり、「前もこんなことやったな」と思ってしまうシーンが数多く出てきます。

そうなったとき、仕事をはじめたばかりのなにもかもが新鮮だった頃と、まったく同じやる気、テンションを維持していくのは難しいものです。その結果、表面的には変わらないように見えても、見えない熱量やパフォーマンスが落ちていく。だから、歳を取るのは厄介なのです。

長くものをつくっていく上で、いちばん怖いのは〝飽きる〟ことだと思います。僕のような中年こそ、自分をいかにやる気にさせるかが大事になります。

かくいう僕も、自分がとりわけ飽き性なのを自覚しています。まったくやったことがない仕事というのが徐々になくなり、自分がちょっとでも惰性で仕事していることに気づいた瞬間、下り坂に差しかかったようで、ゾッとします。
たとえ飽きても一定のクオリティを生みだし続けるのがプロじゃないのか？　と言われそうですが、アイデアを生みだす仕事は、職人的な仕事のようにはなかなかいきません。いくら精度を上げて、向上を追求しても、同じようなものを何本もつくっていては先に視聴者のほうが飽きてしまうでしょう。

そこで僕が心がけているのは、毎回、最低でも一つはやったことがない新しい要素のある仕事に思い切って飛び込んでみることです。「こういうジャンルはやったことがなかったな」とか、「こういう映像は撮ったことがないな」とか、なんでも良いのです。不安でいっぱいだった新人の頃の新鮮さを味わうことが大事なんだと思っています。

「やったことないけど、大丈夫かな？」と、不安で〝変な汗〟をかくくらいでちょうどいいとさえ思っています。それくらい、仕事にとって〝飽き〟というのは大きな課題だと思うからです。

『TAROMAN』をつくったあと、関連書籍を3冊手がけたときも同じでした。いくらこだわってつくったといえども、深夜の5分番組の本で3冊も同じようなものをつくってしまっては、途中から惰性になってしまうことは免《まぬが》れません。毎回まったくやったことがないことにチャレンジすることで、とにかく大変ではありましたが常に新鮮な気持ちで向かうことができました。

振り返ればどれもこれも、自分を飽きさせないようにするためのものだったのかもしれません。

いつも口では「もっと楽な仕事がしたい」「なんでこんな手間のかかるやり方にしちゃったんだろう」と愚痴を言っていますが、実際のところ僕は、楽な仕事があってもきっとやらないのだと思います。

『タローマン・クロニクル』は、70年代当時人気だったタローマンの情報(すべて嘘)を網羅した“現代”の本という構造にすることで、架空の当時の設定資料や、現場やグッズの写真をすべてでっち上げた

『タローマン・クロニクル』(玄光社、2023年)
©NHK・藤井亮 2023　© 玄光社 2023

『タローマンなんだこれは入門』は、70年代当時に存在した児童向けタローマン本を復刻した、という体で、実際の「小学館入門百科シリーズ」とまったく同じ装丁で、当時の赤黒の2色刷り印刷まで再現した

『タローマンなんだこれは入門』(小学館、2023年)
©NHK・藤井亮 2023

『超復刻版タローマンかるた』に至っては本ですらなく、番組内に出てきた小道具である「タローマンかるた」を復刻するというでたらめぶりだった

『超復刻版タローマンかるた』(講談社、2022年)
©NHK・藤井亮 2022　©KODANSHA 2022

# 47 プロフィール写真をうんこ頭にして、不幸な出会いを減らす。

僕のSNSアイコンやプロフィール写真は、うんこのような帽子を頭に被った横顔で統一されています。ひどい悪ふざけのようですが、これにはちゃんとした理由があります。

この写真を見てもけしからんと思わない、むしろおもしろがってくれるような人と仕事をするために、いわば「踏み絵」「名刺代わり」として機能しているのです。

最初のうちは僕も、いわゆるクリエイター風のカッコいい写真の下に、広告関連の受賞歴を並べたようなプロフィールをつくっていました。

ところが、そういったプロフィールを見て僕に仕事のオファーをくださるクライアントの中には、僕の受賞歴や過去の担当クライアント名だけを見て声をかけてくるところもありました。

僕がどんなものをつくっている人間かを知らずに、「著名そうなクリエイターなら、さぞかしカッコいいものをつくってくれるだろう」と声をかけ、その結果「こんなはずじゃなかった……」となってしまう。そんな不幸な出会いを避けるためのうんこ頭でもあるのです。

この帽子は
実在しません
合成です
たまに
あの帽子で来て
くださいって
言われますが……
つくるか……

もちろん、オファーの数は減ってしまうかもしれませんが、ミスマッチを減らして相性のいい人と仕事をするために、言い方は悪いですが〝うんこ頭でふるいにかける〟ことにしたのです。

本音を言うと、うんこ頭のお父さんを持つ子どものことを考えると、そろそろまともなプロフィール写真にしたい気もしているのですが……。

逆に、打ち合わせやプレゼンのときは、「変な人が変な企画を持ってきたぞ……」と思われないよう、なるべくきちんとした格好をしてまじめにしゃべるようにしています。僕が単なるウケ狙いや、自分がおもしろがるためだけに変な作品をつくっているんじゃないか、と誤解されないようにするためです。

あくまで広告が達成したい目的が先にあり、そのためにあえておもしろい表現を選んでいるのだ、ということをわかってもらうためにも、格好は重要なのです。

格好といえば、自分の見せ方にも段階があると思っています。

新人の頃は誰からも仕事を頼まれやすそうなプレーンな格好をする時期。そこから「自分は個性的なクリエイティブができますよ」とアピールするために、トガった服装をしたりクセのある髪型をする必要もある時期。そして、変わったものをつくる人だとある程度知られてきた段階では、むしろクライアントにまともな人間なんだと安心・信頼してもらう時期。

僕は今、この最後の時期にいるような気がします。


この先、もっと作風が世に知られるようになったら、逆に脱力して自由な格好になっていくかもしれません。自分が今、どの段階にいるかを把握することも大事な気がしています。

僕の場合はただでさえ、見た目がデカい上に口数が少ない。おじさんという生き物はそれだけで威圧感を生みやすいので、なるべく親しみやすい格好をしていたいと思います。

あるひとりの
の格好
人類の進化
どうでもいい
学生（原人）
新生代（新人期）
先輩から良い餌（仕事）をもらうために、素直な人間に見えそうな外見に
個性代（中堅期）
個性的なものが作れる人間だとアピールをするために、外見が派手なものに進化
ジミ紀（独立期）
作っているもののクセが強いために相手に警戒心を与えないようにまともな人間感を出す外見に進化
おじさんになってからまた急に派手になる人もいるのが面白いところです 僕もそうなるのだろうか……

# 48

# 最初からおもしろい仕事はない。悪条件の仕事の中にこそチャンスがある。

ときどき、「どうしておもしろい案件ばかりをやらせてもらえるんですか？」と聞かれることがあります。

確かに今でこそ、指名でお仕事をいただくようになって、そんな仕事も多くなりました。けれども、長い間ずっと「おもしろいものをつくってください」なんてオーダーの仕事はありませんでした。ほとんどは、自分で〝おもしろくする〟しかないのです。

とくに広告の仕事に関しては、クライアントは「目立たせてほしい」と思いこそすれ、「おもしろい」ものは求めていないことが多いです。広告の仕事は「クライアントの問題点を治療する医者」と言われることもありますが、僕の感覚では、世の中に出る見た目を少し良くしてあげる美容師的なものなのかなと思っています。

そんなとき、かっこいい髪型にしてほしい、きれいな見た目にしてほしいとはみんな思いますが、なかなか「おもしろい髪型にしてほしい」という人はいないですよね。

確かに、毎回おもしろいクリエイターと組んでおもしろい広告をつくっているクライアントは存在します。そういうクライアントとは、みんなが組みたがります。ただ、そういう仕事は思ったほど〝おいしくない〟ことが多い気がするのです。

というのも、最初から「おもしろ案件」の顔をしてやってくる仕事は、見る側も「おもしろくて当たり前」と思っているからハードルが上がりきっています。そんなプレッシャーの高い案件よりも、おもしろさが期待されていない案件でおもしろいものを出したときのほうが、インパクトは強いですよね。

それこそ、お堅い行政の案件や、厳しいと言われるクライアントの案件など、みんなが敬遠してきたような仕事のほうが、期待値からのギャップが生まれて、むしろ〝おいしい〟のです。

一見、逆境っぽい案件のほうが、実はチャンスだというケースは他にもあります。

たとえば、無理なスケジュールの仕事が急にきたと思ったら、他の大御所に断られた案件が回ってきたというケース。よほど慌てていたのでしょうか、依頼書や提案書の宛て名に、僕の前にオファーしたであろう僕より格上の有名監督の名前が、うっかり残ったままになっていることもありました。

一瞬、嫌な気持ちにもなりますが、そんな仕事こそ、自分より格上の仕事をするチャンスであり、むしろ自分の名前を売るチャンスです。こういうときのために、「前からこういう企画をやりたいと思っていたんです」というアイデアのストックをいくつか持っておくと良いと思います。


それに、急なスケジュールや低予算など、制約のある悪条件の仕事のほうが、それを逆手に取ったアイデアが出やすいものです。ないならないなりの勢いややり方というものがあるし、「この予算でできる最大限がこれです」という開き直りを、あえておもしろさの軸にすることもできます。

むしろ、なんの制約もなくて「自由になんでもやっていいですよ」というときのほうが、しんどい気がします。幸運なのか不幸なのか、そんな仕事はやったことがありませんが。

悪条件は、最初からアイデアを生むための縛りや制約をつくっておいてくれてラッキーくらいに思うのが良いのかもしれません。

草食系より
大阪府警
制約が多いと言えば
警察のポスターも
たくさんつくりましたが
大変でした……
まぁ警察だから
そりゃそうだよな…

それからもう一つ。誰からも見向きもされず、「これ誰かやっといて」と言われるような仕事があったら率先して手をあげて、そこで自分が自由にできるスキを見つけておくのもおすすめです。できれば若いうちがいいでしょう。みんながまだ注目していない分野や、逆にもう古いと思われている分野に鉱脈が眠っているかもしれないからです。

たとえば僕が新人の頃は、まだまだテレビCMがクリエイティブの本流で、WEB CMはラジオ、新聞、雑誌広告の下のさらにおまけのおまけ扱いでした。だからこそ、予算はつかないけど自由に任せてもらえることが多く、そこで僕は変な動画やサイトをいろいろとつくることができました。

当時はWEBで注目されることの意味や価値がまだ定まっていなかったので、ニコニコ動画で100万回再生されたら、「そんなに再生されてクライアントからクレームがきたらどうするんだ」と怒られる始末。2ちゃんねる（現・5ちゃんねる）で話題になってサーバーがパンクしたら営業が謝りに行く、みたいな状況でした。

しかしその経験が、僕の場合、今に繋がる大事な糧になっています。

若いうちにいきなり本流ど真ん中で活躍したり、そこで自分の役割を見つけたりするのは難しいと思います。みんながまだ注目していない仕事でがんばっておくと、それがのちにチャンスになることもあるでしょう。今だったら、逆にあえて新聞広告で話題になることを狙ってみるとか、すでにみんなが興味を失っているところに手を出したりするのも狙い目かもしれません。

逆境や悪条件といったネガティブな案件は、ライバルが少ないからこそ、逆にチャンスなのです。

# 49

# つまらない肩書きや立ち位置を捨て、強制的に仕事の質を変えてみる。

自分の仕事がルーティンになって飽きを感じはじめたら、肩書きや役職を変えてしまうのも一つの手段です。

僕が電通を辞めて独立したのも、「これぐらいの年齢になったら、このぐらいの立ち位置になって……」というこの先の道筋がある程度見えてきて、このままいたらルーティンになってしまうな、と思ったのがきっかけの一つでした。

もともとネガティブで消極的な性格なので、会社を辞めて独り立ちしていける自信などまったくありませんでした。会社にことさら不満があったわけでもないし、おとなしく会社にい続けたほうが僕の性格には合っていたのかもしれない、と思うこともあります。

それでも辞める決心をした大きな理由の一つは、社内の営業経由ではなく、自分への指名で仕事がくるようになったことです。

独立を迷っていたとき相談したのは社内の人間ではなく、それまで僕に仕事をくれていたＮＨＫのプロデューサーなど、外部の人たちでした。いざ辞めたら社内の見え方などは関係なくなりますから、だったら社内の理屈ではなく、外から自分を見てくれている人の意見を聞くべきだと思ったのです。最終的には、「今までも電通に発注していたのではなく、藤井さんに発注してきたつもりでしたよ」と言われて、決心がつきました。

実はこのとき、近いうちに子どもが生まれる予定だったのですが、自分の性格的に子どもの顔を見てしまったらリスクを恐れ、ひよって会社を辞められなくなるだろうと思ったので、出産予定日の3日前に思い切って退職したのでした。ここまでくると、慎重なのか思い切りがいいのか自分でもわかりません。

独立後は、電通時代の「アートディレクター」から「映像作家」に肩書きを変えて、舞い込む仕事の質が変わるようにもしてみました。

会社を辞めるほどの決心がつかない人でも、社内における自分の肩書きを変えてしまうと、強制的に仕事の質も変わります。マンネリや飽きを脱する手段の一つとしておすすめです。

ちなみに、会社を辞めよう、と思うに至った理由がもう一つあります。電通関西の社屋が、汚い雑居ビルのような社屋からおしゃれなビルに移転したからです。

新社屋への移転後、僕はいつものように発泡スチロールと粘土で撮影用のジオラマをつくっていました。さて、仕上げにスプレーを吹きつけようと思ったのですが、新社屋では高層ビルで窓が開かないのでスプレーを使える場所がどこにもありません。仕方がないので、結局ジオラマを抱えてエレベーターを降り、近所の川原まで行ってスプレー作業をすることになりました。

そのとき、大げさかもしれませんが、この会社はもう自分の居場所じゃないような気がしたのです。代理店では、粘土をこねているような人間にはもう居場所がないのだ、と思い知ったと言いましょうか。

代理店がコンサル化していき、代理店の人間はあくまで作品を統括しディレクションする立場。僕のように自分で手を動かす仕事の仕方は、あまり歓迎されなくなっている。そのことを象徴する出来事が、「社内でスプレーを吹ける場所がない」だったのでした。

# 藤井亮の主な作品年表

●：主な作品　★：主な受賞歴

藤井 亮（GOSAY studios）
ホームページ
https://gosay.studio/

**1979年**
愛知県に生まれる。

**1999年**（20歳）
武蔵野美術大学入学。映像制作のおもしろさに夢中になる。ドッジボールで戦う超人不良の短編など、ほぼ今と変わらない作風。

**2003年**（24歳）
電通入社。辞令はまさかの関西電通。飛び交う関西弁に恐怖。配属された部署の関係で海外向けの英語ＣＭを多数制作。軽いユーモアのある上質な英語ＣＭという今では信じられないテイスト。
当時の部長の全任せ主義により、無理やり仕事のキャパが広がる。

**2004年**（25歳）
カンヌ国際広告祭のヤングコンペティションの日本代表アートディレクターに。映像一本でやりたかったのに、自分はデザインもできるのかもしれないという気持ちの揺らぎが生まれてしまう。

**2006年**（27歳）
自由にやれるＣＭの仕事が回ってこないので、当時出はじめだったＷＥＢ動画に自由を見出す。

①

ふねをつくるぜ かっこいいぜ
画像提供：サノヤスホールディングス

②

前髪
切りすぎた
ドキドキ♥
新連載!!
歌：三戸なつめ
画：藤井亮
（株）ソニー・ミュージックレーベルズ

タウンページのWEB動画などが、ニコニコ動画で「公式が病気」と言われ再生数1位になるも、逆に営業から「変に広がると困るから消してくれ」と怒られるような時代だった。

●エヌ・ティ・ティ番号情報CM『タウンページ／うまい生篇』

★TCC賞新人賞（タウンページ）

**2010年**（31歳）

関西電通の金鳥チームに配属。ソフトバンクホークス、象印、サントリーなど、中治クリエイティブディレクターの下などで馬車馬のように働く。

●サノヤス・ヒシノ明昌（現・新来島サノヤス造船）CM『造船番長』シリーズ①

**2011年**（32歳）

『造船番長』がカンヌの銀賞に。自分の好きな世界観で好きにやったものが評価されはじめる。

★カンヌライオンズPR部門銀賞（造船番長）

**2013年**（33歳）

古川クリエイティブディレクターの下で赤城乳業のCMなど、昼夜を問わず働く。

●赤城乳業CM『BLACK ガリガリ君の会社篇・じゃない（シングル・マルチ）篇・売上篇』

★ギャラクシー賞CM部門 優秀賞（BLACK）

滋賀県 ③

© NHK ④

**2015年**（36歳）

なんとなく会社や業界からの「変なものをつくるヤツ」という認識がつきはじめ、そんな仕事をするチャンスが増えはじめる。

●三戸なつめMV『前髪切りすぎた-落書き篇-』②

●大日本除虫菊CM『サンポール ベンキー・シロイシ篇』『蚊がいなくなるスプレー　ボディビル篇』

**2016年**（37歳）

●ストップ恋愛・プロファイリング昔話

●PiTaPaイラストリレー

●赤城乳業CM『BLACKゆるくねアニマル篇』

●夢見るアドレセンスMV『リーダーシップ』

社会的にも「変なものをつくるヤツ」という認識が徐々につきはじめる。

**2017年**（38歳）

●滋賀県『石田三成CM』③

●TV番組『テクネ 映像の教室』（NHK Eテレ）番組内企画「サウンドロゴしりとり」④

●ゲームアプリ『宇治市〜宇治茶と源氏物語のまち〜』

●配信ドラマ『77部署合体ロボダイキギョー ドラマ・伝え方が9割』（Amazonプライムビデオ）

●ザ・たこさんMV『カッコイイから大丈夫』『お豆ポンポンポン（Beanman

© NHK ⑤

画像提供：日本建設工業株式会社 ⑥

vs Zombies）』
●ベボガ！ MV『4文字メロディー』
★ACC賞　フィルム部門Bカテゴリー　ゴールド（サウンドロゴしりとり）
★TCC賞（石田三成CM）

## 2018年（39歳）

会社内では勝手に変なものをつくっているヤツとして、評価されているのかいないのかわからないポジションになる。

●スポット映像『ミッツ・カールくん』（NHK Eテレ）⑤
●テレビドガッチCM『はめたろう』
●滋賀ホンダCM『車鎮祭』

## 2019年（40歳）

独立し、「株式会社豪勢スタジオ」設立。CMだけでなく、よりコンテンツの世界に浸かるための決断だった。

●日本建設工業CM『星のタービン』⑥
●TV番組『じゃじゃじゃじゃ～ン』（フジテレビ）番組内企画「からだざつお」など
●TV番組『オドモTV』（NHK Eテレ）番組内企画「オドモCM」
●マッハバイトCM『無音アドトラック』

©PONY CANYON INC. ⑦

©キタンクラブ ©藤井亮 ⑧

滋賀県 ⑨

画像提供:日本建設工業株式会社 ⑩

### 2020年(41歳)

本格的に仕事の割合がコンテンツ>広告となってくる。

●TVアニメ『別冊オリンピア・キュクロス』(TOKYO MX)
●藤子・F・不二雄ミュージアム　上映映像『セイカイはのび太?』
●配信ドラマ『乃木坂シネマズ～STORY of 46～』(FOD)第三話「超魔空騎士アルカディアス」
●BS日テレCM『バブちゅ～裏の顔』
●オメでたい頭でなによりMV『金太の大冒険』⑦

### 2021年(42歳)

●キタンクラブ『カプセルトイの歴史』⑧
●滋賀県CM『ニュートンに学ぶ、これからの滋賀ノーマル』⑨
●グランブルーファンタジーCM『1000万シリーズ』
●日本建設工業CM『俺たち!ボイラーズ』⑩

主催：ほぼ日／共催：キタンクラブ／企画・プロデュース：藤井亮 ⑪

©NHK ⑫

©PONY CANYON INC. ⑬

©ALWAYS ⑭

## 2022年（43歳）

タローマンで念願の特撮を手がける。そして特撮沼に。

●博物館プロデュース『大嘘博物館』⑪
●TV番組『TAROMAN 岡本太郎式特撮活劇』（NHK Eテレ）⑫
●TV番組『タローマンヒストリア』（NHK Eテレ）
●書籍『超復刻版タローマンかるた』（講談社）
●TV番組『上田晋也・若林正恭の撮れ高』（日本テレビ）オープニング映像
●オメでたい頭でなにより MV『ガラガラヘビがやってくる』⑬
●ラフ×ラフ MV『100億点』⑭
★ACC賞　フィルム部門Bカテゴリー グランプリ（カプセルトイの歴史）
★デジタル・コンテンツ・オブ・ジ・イヤー／AMDアワード・新人賞

画像提供：日本建設工業株式会社 ⑰

満照山 眞敬寺 蔵前陵苑 ⑲

画像提供：平安伸銅工業 ⑱

## 2023年（44歳）

育児との両立で仕事量以上にハードな日々を送っている。

●書籍『タローマン・クロニクル』（玄光社）⑮
●書籍『タローマンなんだこれは入門』（小学館）⑯
●TV番組『帰ってくれタローマン』（NHK Eテレ）
●日本建設工業CM『未来戦士エナジー4』⑰
●ラブリコCM『暗黒帝国アジャスター』⑱
●蔵前陵苑CM『アトラクション篇』⑲
★放送文化基金賞 エンターテインメント部門 優秀賞（TAROMAN）、脚本・演出賞
★ACC賞 ブランデッド・コミュニケーション部門Bカテゴリー グランプリ（TAROMAN）
★TCC賞（TAROMAN）
★ADC賞（TAROMAN）

⑮
©NHK・藤井亮 2023 ©玄光社 2023

⑯
©NHK・藤井亮 2023

# おわりに

この本を書くことを引き受けてから、ずっと考えていました。

この本を書く理由とはなんだろうと（ネガティブなので）。

狭い世界の話なので、ベストセラーを目指せるようなものでもありません。結局はただの個人の成功体験でしかなく、教訓にもならないと思われるかもしれません。

タイトル、そして中身からして〝指南書を出す一流の大御所クリエイター〟感を醸しだすことも難しいでしょう。ビジネス書を好む広報担当の方が、この人に依頼しよう！　となる未来はなかなか想像しにくいものがあります。

それでもなにか書く理由があるとすれば、それは、10年前、20年前の鬱屈としていたあの頃の自分へ、そしてあの頃の自分のような人へ、励ましになるような本がつくれればという気持ちでしょうか。

はたしてそれができているのか自信はありません。

もし、誰か一人でもこの本を読んでがんばろうとしてくれれば、それに勝るものはありません。

たとえそれが、こんな大したことないやつでも食っていけるなら俺だって

……という気持ちだとしても。

そんなこともあって、当初はまず、まじめにまとめたものを、僕らしく、ふざけた内容に崩していこうと思っていたのですが、まじめなままの内容を出すことにしました。恥ずかしいですが、そのままで。

本書の執筆にあたり、多くの人にお世話になりました。そして迷惑をかけました。

無謀とも言える本書を計画してくれた（そして悪魔のスケジュールを組んでくれた）福田さんと扶桑社の皆様。まとまりのない話をまとめてくれた安里さん。最高に素敵な装丁をしてくれた名久井さん。

いつも僕の仕事を支えてくれるスタッフと関係者のみなさん。書けない書けないと愚痴をこぼす僕の尻を叩き続けてくれた佐野さん。ビジネス書マニアの柳本さん。

そして、僕の家族のみなさん。僕が人間らしく形を保っていられるのはあ

なにより、この本を買ってくれたあなたに
ありがとうございます
藤井亮

なたたちのおかげです。家族が1日不在なだけで、昼夜逆転のカップ麺生活になる自分には、毎度呆れます。

最後に、糸井重里さん。素敵な帯文をありがとうございます。別案でいただいていた言葉、僕だけが持っているのはもったいないのでここで紹介させてください。

「誠実であること、じぶんに厳しいこと、
そして、空想のどうぶつ『馬鹿』を飼っていること。」

この言葉が嘘にならないよう、これからも、できる限り、長く、くだらないものをつくっていきたいです。

藤井亮

**藤井亮**（ふじい りょう）

1979年、愛知県出身。映像作家、クリエイティブディレクター。武蔵野美術大学・視覚伝達デザイン科卒。電通、フリーランスを経て、GOSAY studios設立。

主な作品に、『TAROMAN　岡本太郎式特撮活劇』、『石田三成CM』、『サウンドロゴしりとり』、『造船番長』、『大嘘博物館』など。考え抜かれたくだらないアイデアで遊び心あふれたコンテンツを生みだし話題を集める。

ACC賞グランプリ、TCC賞、ADC賞、カンヌライオンズ銀賞、ギャラクシー賞、放送文化基金賞など、国内外の受賞多数。

**ネガティブクリエイティブ**
**つまらない人間こそおもしろいを生みだせる**

発行日　2024年4月6日　初版第1刷発行

著者　　藤井 亮
発行者　小池英彦
発行所　株式会社 扶桑社
〒105-8070
東京都港区海岸1-2-20 汐留ビルディング
電話　03-5843-8842（編集）
　　　03-5843-8143（メールセンター）
www.fusosha.co.jp

印刷・製本　タイヘイ株式会社印刷事業部

　ISBN978-4-594-09693-9